JOSÉ LUIS SORIA

MESTRE DE BOM HUMOR

3ª edição

Tradução
Roberto Vidal da Silva Martins

São Paulo
2024

Título original
Maestro de buen humor

Copyright © 2002 Scriptor S.A., Madri

Capa
Gabriela Haeitmann

Dados Internacionais de Catalogação na Publicação (CIP)

Soria, José Luis
Mestre de bom humor / José Luis Soria; tradução de Roberto Vidal da Silva Martins — 3ª ed. — São Paulo: Quadrante, 2024.

ISBN: 978-85-7465-628-1

1. Escrivá de Balaguer, Josemaria, 1902-1975 2. Opus Dei (Sociedade) 3. Santos cristãos – Espanha – Biografia I. Título

CDD-267.182092

Índice para catálogo sistemático:
Opus Dei : Fundador : Biografia 267.182092

Todos os direitos reservados a
QUADRANTE EDITORA
Rua Bernardo da Veiga, 47 - Tel.: 3873-2270
CEP 01252-020 - São Paulo - SP
www.quadrante.com.br / atendimento@quadrante.com.br

SUMÁRIO

Prefácio do editor.. 5

Introdução 11

Sobre o humor divino..................................... 19

Bom humor e santidade 35

Em família... 59

Bom pastor.. 87

Burros, patos e outros semoventes 111

Não nos levemos demasiado a sério 133

O jogral de Deus.. 157

Bom humor até à morte 169

Notas... 185

PREFÁCIO DO EDITOR

Em homenagem ao Bem-aventurado Josemaria Escrivá, no ano do Centenário do seu nascimento, o n.100/101 desta coleção de «Temas cristãos» era dedicado a um tema fulcral na mensagem do Fundador do Opus Dei: a filiação divina de todos os homens e, em sentido próprio, de todos os batizados. Agora que, no passado dia 6 de outubro de 2002, o Papa João Paulo II, por um ato formal do Magistério da Igreja, o declarou Santo — São Josemaria Escrivá —, estas páginas* propõem-se manifestar o jubiloso agradecimento a Deus por esse evento. E propõem-se fazê-lo ressaltando um aspecto da sua vida e doutrina que é uma derivação desse profundo sentido de filho de Deus

---

(*) O original foi publicado em 1994. Ao traduzi-lo, fizeram-se as adaptações necessárias. (N. do E.)

que mons. Escrivá viveu e que faz dele um dos Santos mais simpáticos e atraentes que a Igreja já teve.

Que estejam tristes os que não queiram ser filhos de Deus, *dizia mons. Escrivá; seria um contrassenso que os filhos de Deus não vivessem sempre alegres. E dessa alegria flui nos santos, com diferentes matizes, a característica que estas páginas refletem num conjunto de* flashes *captados da vida de mons. Escrivá, sem pretenderem ser um compêndio exaustivo: o seu bom humor e o seu sentido do humorismo. Mons. Escrivá sofreu muito ao longo da vida, por diversos motivos, sobretudo pelas incompreensões e calúnias. Mas nunca lhe faltou o sorriso e mesmo a brincadeira divertida, o gracejo jocoso, nas situações mais corriqueiras e até «desastrosas», em que parecia que tudo se afundava. Questão de temperamento? Questão de uma fé maravilhosa de quem sabe que,* para os que amam a Deus, tudo é para bem *(cf. Rom 8, 28), e portanto* tudo é bom.

Dessa visão afirmativa brotava frequentemente em São Josemaria Escrivá o comentário espirituoso, a palavra brincalhona, o repente divertido que desanuviava e

*tranquilizava. Brotava uma enorme disten-
são de espírito, que o levava a ver no epi-
sódico algo para além do epidérmico — a
amável presença de um Deus que não des-
prega os olhos dos seus filhos e os faz sorrir
e até rir francamente, desfazendo as rugas
de preocupação e tirando importância aos
desgostos:* Não temais; sou Eu *(cf. Mt 14,
27)*. Eis que Eu estou convosco todos os
dias *(cf. Mt 28, 20)*.

*Por trás dos episódios aqui relatados,
ainda que reunidos em capítulos sistemáti-
cos, o que o autor deixa entrever — às vezes
apenas esboçada — é a raiz da qual procede
essa disposição de ânimo: as virtudes sóli-
das, cristãs e humanas, que mons. Escrivá
cultivou e ensinou com os exemplos simples
da sua vida e a amenidade da sua doutrina.
Virtudes sobrenaturais, como são a absolu-
ta confiança em Deus, que não abandona
nunca os que não O abandonam; o total
esquecimento próprio, que dissipa ensimes-
mamentos melancólicos e lúgubres; a entrega sorridente à Vontade divina, como a de
uma criancinha despreocupada que espera o
melhor de um pai afetuoso e risonho. Virtudes varonis, como são o espírito de renúncia
alegre, que não acha que seja sacrifício o que*

se faz pelo ser querido; ou a fortaleza perante as contrariedades, encaradas como carícias de Deus, *Pai boníssimo e providente.*

São Josemaria Escrivá deixa-nos assim a veraz imagem de um Deus sumamente atrativo, junto de quem passamos bem *e somos felizes como nenhum outro ser humano, com a condição de que «não nos levemos demasiado a sério». Assim viveu ele, transbordante de alegria, no seu relacionamento com Deus e, em consequência, no seu relacionamento com os homens. O seu bom humor permanente atraiu milhões de pessoas de todas as condições para a vida cristã, esta sim levada a sério, para que tudo o que há de bom nos conduzisse à ação de graças e tudo o que de negativo nos pudesse acontecer se reduzisse às suas verdadeiras dimensões: um preço de bagatela por um tesouro de felicidade eterna.*

É com este espírito que se devem ler estas páginas, buscando por trás do anedótico um apelo humaníssimo para a sorridente vida de fé e para o absoluto corte com as fatuidades e empertigamentos ridículos: um verdadeiro arrancar-nos *de nós mesmos para irmos ao encontro, na vida diária, de um Deus que* conosco brinca pelo orbe da terra *(cf. Prov 8, 31) como um pai brinca com os seus filhos pequenos e neles acha as suas delícias. E que desses filhos bem-amados espera, em troca, o mesmo espírito de à-vontade e divertimento, numa descontraída entrega aos seus desvelos.*

O Editor

INTRODUÇÃO

«Um santo calado é objeto de veneração mais do que de carinho. Se falasse, teríamos diante de nós o original; se não diz nada, temos de contentar-nos com uma cópia, feita com mais ou menos arte pelo pintor»[1]. Evidentemente, não é isso o que acontece com São Josemaria Escrivá, que nos oferece o mais completo e detalhado retrato original, para empregar a expressão do Cardeal Newman.

O Fundador do Opus Dei é nosso contemporâneo, muitos milhares de pessoas o conheceram e se relacionaram com ele ainda em vida, seja de um modo esporádico ou numa convivência íntima e prolongada. Como se não bastasse, o arco da sua existência abrange uma época em que a tecnologia ajuda a registrar gestos e palavras: filmes, vídeos, gravações e notas de conversas ou de singelos episódios familiares permitem-nos conhecer não só o seu trabalho e as suas virtudes, mas o seu semblante e o seu estilo, a sua maneira de ser humaníssima. Como também, entre os seus talentos, aqueles que serão objeto destas páginas.

Num encontro que teve com numerosas pessoas, em fins de outubro de 1972, no Colégio Tajamar (Madri), um dos assistentes iniciou assim a pergunta que lhe queria fazer: — «Padre, o senhor, que é mestre de bom humor...» Numa confirmação involuntária, mas inequívoca, dessas palavras, mons. Escrivá replicou instantaneamente: — *Obrigado pelo «mestre». Vamos lá!* E o nosso amigo prosseguiu: «...ensine-nos a não perder o nosso nas contrariedades de cada dia».

Por pouco que o conhecessem, ninguém esperava de Josemaria Escrivá uma resposta de natureza psicológica ou baseada em artifícios de especialista. A forma como respondeu consistia essencialmente numa afirmação sobrenatural: — *Já vo-lo tenho ensinado. Coloca-te na presença de Deus e, se estás sozinho, diz-lhe em voz alta:* Faça-se, cumpra-se, seja louvada e eternamente glorificada a amabilíssima

Vontade de Deus sobre todas as coisas. *Procura entender que aquilo que te mortifica é, pelo menos, porque Deus o permite, e verás que a dor te vai passando, que te tranquilizas, que te alegras de carregar um pouquinho daquela Cruz de Cristo. Aceita a vontade de Deus. Mal a aceites, a dor não é dor, porque essa Cruz é levada por Ele. Experimenta, e verás que é uma grande receita*[2].

Caminho, o primeiro livro do Fundador do Opus Dei, que alcançou tiragens de ressonância mundial, compreende 999 pontos. Com o gosto que todos temos pelas cifras redondas, não era de estranhar que essa circunstância chamasse a atenção, porque — diríamos — saltava aos olhos, forte e inequívoca, a tentação de acrescentar mais um número à coleção, para que chegasse aos mil. O autor preferiu ficar em 999, um algarismo com três noves: em cada nove, três vezes o três; em cada três, três uns. Era um modo apaixonado e discreto de dar glória a Deus, Uno e Trino.

Por contraste, não faltou quem se atrevesse a suspeitar da intenção e pretendesse encontrar, nessa delicadeza de amor, Deus sabe que tenebrosas conexões com o número 666 que o Apocalipse atribui à Besta (Ap 13, 18). Como era seu hábito, mons. Escrivá sorriu, rezou, calou-se e esperou... Até a morte e mais ainda, porque a resposta pública a essa caluniosa insinuação só chegou em 1986, com a publicação póstuma de outro livro seu, *Sulco*. O último ponto desta obra, de número 1.000, diz assim: ***Escrevo este número para que tu e eu acabemos o livro sorrindo, e fiquem tranquilos os benditos leitores que, por simplicidade ou malícia, buscaram o «esotérico» nos 999 pontos de* Caminho.**

As linhas que antecedem são um bom resumo — penso — do que vai constituir o fio condutor destas páginas: uma reflexão sobre a vida santa de um sacerdote que, em intimidade contemplativa, sabia encontrar motivos para amar o seu Deus, mesmo nas páginas de um livro impresso; e que, ao mesmo tempo, se mantinha bem fincado em nobres valores terrenos, a tal ponto que dizia, dirigindo-se de modo imediato aos seus filhos do Opus Dei, mas também a todas as pessoas: ***Deixo-vos como herança, no humano, o amor à liberdade e o bom humor*[3].**

Ao findar uma tertúlia* em Valência, em 1972, na qual o bom humor tinha sido a tônica de uma conversa deliciosamente sobrenatural, um dos assistentes comentou: — «Aqui aprendi a música. A letra, mais ou menos, vou aprendendo-a nos meios de formação da Obra». Talvez seja nesta distinção original que se encontra a chave para compreender algumas críticas — de outra maneira incompreensíveis — que por vezes se ouvem: quem imagine o Fundador do Opus Dei sempre empertigado, solene e sério, engana-se de alto a baixo. E o mesmo acontece com quem pense que o espírito que difundiu tem também essas características taciturnas e rígidas. Se se ignora a «música», o que se terá será provavelmente insosso; mas não se atribua semelhante coisa à espiritualidade que mons. Escrivá viveu

---

(*) Termo empregado no sentido de uma reunião de família, mesmo que se tratasse de encontros de mons. Escrivá com centenas de pessoas, em auditórios ou espaços abertos, que sempre se desenrolavam em ambiente de diálogo, em conversa descontraída, como os breves momentos que se têm após as refeições nos centros onde residem alguns membros do Opus Dei. (N. do E.)

e ensinou; será exclusiva consequência de uma solene indigestão de «letra»: uma espiritualidade sem espírito é um contrassenso, e não é de estranhar que sature.

Costuma-se mencionar São Bernardo, São Francisco de Sales e São Filipe Neri como exemplos de santos alegres: o Abade de Claraval, que — apesar da antipatia com que alguns o olham agora pelo seu papel na segunda Cruzada e pela sua controvérsia com Abelardo — mereceu o título de *Doctor mellifluus**; o santo Bispo de Genebra, deixou-nos a imagem de uma alegria cheia de doçura; e o grande *Pippo buono* foi a personificação de uma jovialidade que não conhecia as fronteiras do ridículo, se de algum modo podia ajudar as almas. São Josemaria Escrivá — e espero que as páginas que se seguem possam ajudar muitos leitores a compartilhar comigo essa convicção — também sobressaiu pela sua alegria

---

(*) J. Leclercq, um dos especialistas em São Bernardo, intitulou assim um dos seus trabalhos sobre o santo: *De l'humour à l'amour* (cf. *Témoins de la Spiritualité Occidentale*, Éditions du Cerf, Paris, 1965, pp. 264-287).

ao mesmo tempo cheia de bom humor e do sentido do humorismo.

Chesterton fez notar que uma armadilha em que os biógrafos costumam cair é que tendem a ver um significado importante em tudo o que acontece na vida do seu personagem: a negligência é uma característica do herói, se deixa cair ao chão o seu cachimbo; e o atento cuidado com as coisas é igualmente característica sua, se o apanha[4]. No caso do tema deste livro, parece-me não haver o risco de cair nessa cilada, porque o cachimbo não cai nem é apanhado do chão uma ou cem vezes: são inúmeros os episódios e os testemunhos que evidenciam a alegria constante e o senso de humor do Fundador do Opus Dei. Pode-se, pois, dizer que as páginas que se seguem constituem apenas um mostruário, e de maneira nenhuma a coleção completa.

Em qualquer caso, não se trata somente de pôr de manifesto algumas características da vida de mons. Escrivá, mas de fazer com que nos sintamos estimulados a agradecê-las a Deus e a imitá-las. Se estivéssemos diante de uma expressão temperamental, isso não teria sentido, como não tem pés nem cabeça imitar o tom de voz ou o rosto de uma pessoa. Mas já se indicou muitas vezes qual é o fundamento sobrenatural desses aspectos da personalidade de Josemaria Escrivá: a aceitação submissa e generosa da Vontade de Deus, ou, o que é a mesma coisa, o seu pano de fundo espiritual.

Neste ponto, todos temos de sentir-nos convidados a seguir os seus passos, porque as virtudes que estão na sua raiz podem e devem ser patrimônio de todos os filhos de Deus. Daí que o Fundador do Opus Dei não duvidasse em dizer àqueles que o seguiam: *Bom humor, que é essencial para a nossa entrega; santos com bom humor, porque, senão, nada feito!*[5] E isso a tal ponto que — como também reiterava, fazendo eco a São Francisco de Sales —, *um santo triste é um triste santo.* Já o tinha dito também, muitos anos antes, a grande Teresa de Jesus, por quem mons. Escrivá tinha tanta simpatia: «De devoções néscias e santos de rosto desabrido, livrai-nos, Senhor».

SOBRE O HUMOR DIVINO

Ignoro se os anjos têm senso de humor, embora me incline a responder afirmativamente ao recordar as perguntas que fizeram a Maria Madalena, na manhã da Ressurreição*, e aos Apóstolos, no dia da Ascensão**. Como nesses casos os anjos intervieram simplesmente como mensageiros de Deus Nosso Senhor, pode-se perguntar se o eventual humorismo dessas perguntas não terá sido, mais do que angélico, divino.

Do que estou certo, porém, é de que os animais — incluída a hiena — não riem e muito menos sorriem: o humor, esse *highly civilized product*, como o chamou Chesterton,

---

(*) *Mulher, por que choras?* (Jo 20, 13).

(**) *Homens da Galileia, que fazeis olhando para o céu?* (At 1, 11).

é propriedade dos seres inteligentes e concretamente do homem, o único *animal risível*[6]. Mais ainda, «a alegria, que constituiu a pequena virtude do homem pagão é o gigantesco segredo do cristão... A impressionante figura que domina os Evangelhos sobressai a este respeito, como em todos os outros, por cima de todos os pensadores [...]. A sua atitude foi natural, quase como de quem brinca. Os estoicos, antigos e modernos, orgulhavam-se de esconder as suas lágrimas. Jesus Cristo nunca as encobriu; mostrou-as singelamente no seu rosto, à luz do dia, de um modo tão aberto como era o horizonte da sua aldeia natal.

«Mas houve uma coisa que ocultou. Os solenes super-homens e os diplomatas imperiais orgulham-se de controlar a sua irritação. Ele nunca escondeu a sua ira: no Templo, fez voar escadas abaixo mesas e tamboretes... porém, houve uma coisa que controlou. Digo-o com reverência: havia na sua poderosa personalidade um traço que quase poderíamos designar por recato. Houve uma coisa que preservou de todos os olhares quando ia rezar à montanha. Houve uma coisa que cobriu sempre com um silêncio abrupto ou um isolamento impetuoso. Houve uma coisa que era demasiado grande para que Deus no-la pudesse mostrar, quando andou pela terra. E algumas vezes ocorreu-me pensar que essa coisa era a sua alegria»[7].

Pode-se não estar de acordo com este ponto de vista de Chesterton e preferir pensar — como diremos mais adiante — que a alegria de Jesus Cristo era tão normal e conhecida que os Evangelistas não se sentiram impelidos a registrá-la. Mas, em qualquer caso, o que é forçoso reconhecer é que a alegria infinita da Divindade esteve durante trinta e três anos coberta pela finitude da natureza humana de Nosso Senhor. Poderia aplicar-se a este ponto o que Chevrot diz a propósito dos discípulos de Emaús, quando Jesus lhes ocultou a sua identidade durante várias horas (cf. Lc 24, 13-31): escondeu-se dos olhos deles para que as suas almas — lentas em penetrar o sentido das Escrituras — não se distraíssem da verdade da Cruz, que até então não haviam compreendido[8].

Mas, ao mesmo tempo, «tudo o que "toca" ao Senhor ressuma alegria; mais ainda, onde quer que chegue a mensagem evangélica, imediatamente irrompe a alegria; o etíope batizado por Filipe já não pode conter a sua alegria e *continuou gozoso o seu caminho* (At 8, 39); Paulo anuncia o Evangelho ao carcereiro e à sua família, e já os temos cheios de alegria (At 16, 34); Filipe prega Jesus Cristo na Samaria e... *houve uma grande alegria naquela cidade* (At 8, 8)»[9].

Não faltaram, já nos primeiros tempos, tentativas de apresentar-nos como autênticos diversos retratos do Senhor, pintados ou esculpidos. Embora Santo Agostinho os tenha desqualificado todos em bloco[10], talvez se encontre nessas representações a origem do Jesus triste, ou pelo menos solene e severo, que alguns imaginam. Não há outra base para fazer do Senhor uma pessoa melancólica que a eventual melancolia de quem assim pense. Se teve horas de profunda tristeza, à vista de tanto pecado, de tanta dureza de coração e tanta ingratidão, a sua alma possuía habitualmente a plenitude da felicidade. E isso é incompatível com a melancolia. Acaso podia estar permanentemente taciturno quem disse: *Quando jejuardes, não vos finjais tristes como os hipócritas?* (Mt 6, 16) ou *não vos alegreis de que os espíritos se vos submetam; alegrai-vos antes de que os vossos nomes estejam escritos no céu?* (Lc 10, 20). É maravilhosamente consolador ver que, mesmo nos momentos em que a debilidade da natureza humana aparece de um modo patente em Jesus — como no Horto das Oliveiras —, nunca essa tristeza afeta a sua retidão espiritual e o rumo das suas decisões.

«Na sua humanidade — afirma Paulo VI —, [Cristo] experimentou as nossas alegrias. Conheceu, apreciou e exaltou toda uma gama de alegrias humanas, dessas alegrias simples e cotidianas que estão ao alcance de todos. A profundidade da sua vida interior não atenuou o realismo do seu olhar nem a sua sensibilidade [...]. Sim, porque Cristo "compartilhou a nossa condição humana em tudo, exceto o pecado" *(Oração eucarística IV;* cf. Heb 4, 15), acolheu e aprovou as alegrias *afetivas* e espirituais, como um presente de Deus»[11].

À distância de séculos, é-nos muito difícil avaliar o senso de humor que se possa encontrar nas páginas inspiradas da Sagrada Escritura, mas uma coisa é certa: se os Evangelhos não nos dizem que

Jesus Cristo risse*, de nenhuma maneira afirmam que não risse nunca ou que lhe faltasse senso de humor. «O humorístico abrange uma extraordinária variedade de formas, infiltra-se em um gesto, um movimento, uma situação, uma atitude, um raciocínio etc.»[12], e por isso é quase indispensável estar presente na cena para avaliar o tom do ambiente, os matizes de uma palavra falada, o significado de um sorriso, de uma piscadela, da inflexão de uma frase. E isso não nos foi concedido no caso de Jesus Cristo.

(*) Este é o argumento em que São João Crisóstomo se baseou para afirmar que Jesus não riu nunca: *Flevisse legimus, risisse non legimus*, «Lemos que chorou, não lemos que riu». Mas não se deve interpretar mal a afirmação de tão formidável e apaixonado Padre da Igreja. As suas palavras não parecem referir-se ao riso ou ao sorriso provocados pelo sentido do humor, mas às gargalhadas grosseiras, intemperantes e cruéis, típicas do circo e do teatro pagãos. É o que se conclui, se se continuam a ler as suas palavras: *et hoc* (tanto a menção ao pranto como o silêncio sobre o riso) *utrumque pro nobis: quiafletus compunctio est animae, risus corruptio disciplinae*, «tanto uma coisa como a outra dirigem-se a nós: pois o choro é compunção da alma, mas o riso corrupção da ordem» *(De gubernatione Dei*, VI, 120).

«Cristo é a alegria e a felicidade para o mundo; a sua vinda é a fonte da verdadeira alegria. A felicidade, a plenitude de vida, a certeza da verdade, a manifestação da *bondade*, a salvação, numa palavra, tem um nome: Jesus Cristo. Ele é o profeta da felicidade, o consolador das nossas desventuras, aquele que abre toda a vida humana à verdadeira alegria, porque é o nosso Salvador e Redentor. A vida moral que o Novo Testamento exige é uma ética de alegria. O nosso Evangelho é o Evangelho da alegria. A própria palavra "evangelho" significa boa nova, notícia feliz»[13]. Mais ainda, digam o que disserem Baudelaire e alguns outros, sustento que Nosso Senhor Jesus Cristo, «verdadeiro Deus e verdadeiro homem»[14], teve não somente bom humor, mas também um maravilhoso senso do humorismo.

Negá-lo implicaria rejeitar, por um lado, a natureza humana de Jesus; e por outro, pôr em dúvida a união hipostática, que fazia Jesus contemplar incessantemente a essência divina, e portanto ser imensamente feliz. «A última razão por trás da nossa repugnância em falar e especialmente em escrever sobre o humor de Cristo parece ser a nossa falta de realismo em relação à humanidade de Jesus, que se fez *como nós, exceto no pecado* (cf. Heb 4, 15). Se pensamos que os santos devem ter tido senso de humor, se podemos escrever que "parece evidente que qualquer ambiente autenticamente espiritual deve produzir humor", por que então temos de recusar essa importantíssima qualidade a Jesus?»[15] Nosso Senhor possuiu «realmente, como escreveu São João no princípio do seu Evangelho (Jo 1, 16), a *plenitude* das virtudes humanas, ao mesmo tempo que a plenitude da graça divina»[16].

Como já se comentou, é verdade que os Evangelhos não mencionam o riso do Senhor, ao passo que descrevem o pranto sobre Jerusalém (cf. Lc 19, 41), as suas lágrimas diante do túmulo de Lázaro e da dor de Marta e Maria (cf. Jo 11, 32-33), e a sua agonia no Horto (cf. Me 14, 32-42), para citar apenas alguns exemplos. Mas se não fosse levar o argumento muito longe, os Evangelistas também não mencionam que Jesus tivesse energia. «O Evangelho — diz-nos Jesús Urteaga — fala-nos das lágrimas do Senhor. E é explicável que não registre o seu sorriso, porque os Evangelistas não viram neste o valor das lágrimas. Devia ser tão frequente, tão natural nEle! Se Cristo no Presépio não sorrisse como sorriem todas as crianças, Cristo não seria homem»[17].

Certamente, Jesus não podia rir-se dos seus defeitos, pela soberana razão de que não os tinha; como também não podia troçar dos defeitos alheios, porque é a Misericórdia infinita; ou soltar uma gargalhada destemperada ou inoportuna, que é privilégio do néscio. Mas a alegria e o humorismo não se esgotam nessas três possibilidades*.

Eu imagino Jesus sorrindo *por dentro*, na noite daquela furiosa tempestade no lago de Genesaré, quando se aproximou da barca dos Apóstolos, *andando sobre o*

(*) Provavelmente, o humor de Jesus Cristo não se esgota na brincadeira carinhosa. Henri Cormier fê-lo notar a propósito do comentário de Jesus aos Apóstolos, antes de ser preso no Horto das Oliveiras: «Dormi já e descansai», *dormite iam et requiescite* (Mt 26, 45). Não poderiam essas palavras «conter um certo humor entristecido, uma terna ironia ou uma amabilidade indulgente por parte de Jesus? Na profundidade do coração do Mestre, podemos encontrar essas coisas ao mesmo tempo: tristeza por ter sido deixado só por aqueles que mais amava; suave ironia, agora que o tempo para que velassem passou» (*The Humor of Jesus*, Alba House, Nova York, 1977, pp. 122-123).

mar, e fez menção de passar ao largo. Eles, quando o viram caminhando sobre o mar, pensaram que era um fantasma e gritaram. Todos, com efeito, o viram e se assustaram. Ele falou imediatamente com eles — e agora imagino-o sorrindo também *por fora* — *e disse-lhes: «Tende confiança, sou eu, não temais». E subiu com eles à barca e o vento cessou* (Mc 6, 48-51). Como é possível entender em profundidade a vida de Cristo, se a imaginamos sempre soleníssima e severa, ou se privamos o Senhor do sentido do humorismo que — nas suas melhores manifestações — é tão bom fruto da maturidade humana?

Jesus não era um pregador ancião, distante e rabugento. «A forte personalidade do Deus-Homem arrastava as multidões; não podemos deixar de contemplar nesse Profeta jovem um exterior atrativo e sorridente; doutro modo, as mães receosas não teriam deixado os seus meninos aproximarem-se dEle, e estes não se teriam atrevido sequer a deixar que as mãos de Cristo acariciassem os seus cabelos»[18].

Além das razões genéricas já apontadas a respeito das naturezas divina e humana de Jesus, talvez existam duas razões específicas para que o senso de humor deva estar presente nos Evangelhos. Por um lado, o sentido do relativo, que Nosso Senhor possuiu como ninguém e que é parte essencial da Boa Nova; e por outro, o insondável sentido das suas palavras, que obriga a entendê-las em diversos níveis de significado: ambas as coisas são ingredientes quase indispensáveis do senso de humor[19].

Como se não bastasse, o bom humor evangélico «surge menos frequentemente das palavras em si mesmas do que do contexto em que são pronunciadas»[20]; algumas das cenas são mais fácil e plenamente compreensíveis se se acrescenta um sorriso nos lábios de Jesus, ou então nos lábios daqueles que o escutavam, mas provocado por Ele, numa manifestação de delicado humorismo ou, o que é a mesma coisa, de amor, ternura e condescendência para com a nossa fragilidade. Recordemos, como simples exemplos que não esgotam o tema, o episódio de Zaqueu e a frase que Jesus lhe dirige quando o bom homem se vê descoberto pendurado dos ramos de uma árvore: *Zaqueu, desce já, porque convém que hoje eu fique na tua casa* (Lc 19, 5). Igualmente, só num contexto de brincadeira carinhosa se entende sem dificuldade a pergunta que faz a Filipe antes da multiplicação dos pães: *Onde compraremos pão para que estes comam?* (Jo 6, 5) Isto soa-me como a pergunta que os pais podem fazer aos filhos pequenos nas vésperas da Epifania*: — «E como conseguirão os Magos entrar na nossa casa para deixar os brinquedos que vocês pediram?»

E já que falamos de presentes, não lembra um bolo do dia dos Reis Magos a solução que Jesus deu a Pedro, intimidado com a pergunta dos cobradores de impostos que queriam saber se o Mestre pagava o tributo da didracma?: *Vai ao mar, lança o anzol e o primeiro peixe que apanhares, abre-lhe a boca e acharás dentro um estáter. Toma-o, e dá-o por mim e por ti* (Mt 17, 27). Seria bonito ver a cara de surpresa com que o maravilhado pescador tiraria essa moeda da boca daquele *Hemichromis sacra,* que

---

(*) Na Espanha e em outros países, costuma-se dar presentes não no Natal, mas na festa da Epifania, a 6 de janeiro, que seriam trazidos pelos Reis Magos. Também se serve nesse dia um bolo em forma de rosca com pequenos brindes embutidos na massa. (N. do E.)

esse parece ser o solene nome científico do peixe da brincadeira divina.

São Josemaria Escrivá amava de modo particular uma frase do Evangelho de São João que nos fala de Jesus, *fatigatus ex itinere*, «fatigado do caminho» (Jo 4, 6), sentado à borda do poço de Jacó, até que chegou uma mulher samaritana*. Via nessas três palavras uma manifestação comovedora da Humanidade do Senhor.

Ora, diante dessa realidade, torna-se necessário perguntar: é concebível que, se Jesus se cansou, chorou, comeu, dormiu, bebeu — que tudo isso são manifestações de uma natureza humana —, não teria rido ou não teria tido senso de humor? Ambas as coisas se impõem. Se São João não recuou diante das palavras *O Verbo se fez carne* (Jo 1, 14), ousaremos negar de modo prático as consequências da Encarnação do Verbo?

(*) O diálogo de Jesus com a samaritana oferece mais de uma pérola humorística. Talvez a mais notável seja o pedido que o Senhor faz àquela mulher: «Vai, chama o teu marido e volta aqui». A mulher respondeu-lhe: «Não tenho marido». Jesus replicou: *Disseste bem: Não tenho marido, porque tiveste cinco maridos e o que agora tens não é teu marido; nisto disseste a verdade* (Jo 4, 16-18).

A personalidade humana de Jesus — apressemo-nos a dizê-lo, extremamente rica e nobre, a mais nobre e rica que já existiu — compõe-se de duas partes distintas, isto é, de um corpo e de uma alma, que — inteiramente compatíveis em tudo com a união com a divindade — são da mesma condição que os nossos[21].

Por isso, não somente *a alegria é um bem cristão,* como também o são todas as suas manifestações — e o senso de humor é uma delas. Lembremo-nos sempre desta substanciosa e concisa advertência de São Josemaria Escrivá: *Não conseguiremos jamais o verdadeiro bom humor,* se *não imitarmos deveras Jesus,* se *não formos humildes como* Ele[22].

A alegria cristã é um tesouro que ninguém nos deve arrebatar. Não é simplesmente uma alegria fisiológica. É muito mais. É a alegria dos filhos de Deus: um dom sobrenatural que procede da graça [...]. Por isso, a nossa alegria tem conteúdo, não é vã.

Assume todas as manifestações das alegrias humanas nobres e as multiplica, dando-lhes o sólido fundamento da filiação divina[23].

BOM HUMOR E SANTIDADE

Correu muita água debaixo das pontes desde que se inventou a teoria dos quatro humores (sangue, linfa, bílis amarela e bílis negra), que se consideravam ingredientes fundamentais do corpo humano. Hoje, nenhum médico pretende curar os seus pacientes guiando-se por esse sistema, mas esteve vigente durante muitos séculos. A saúde ou a doença, tal como o estado anímico ou o temperamento, eram explicados recorrendo a esses líquidos e às suas diferentes proporções. Tanto é assim que mesmo hoje falamos de uma pessoa melancólica (isto é, com muita bílis negra, que isso quer dizer *melancolia* em grego), de um senhor bilioso (para nos referirmos a alguém que tenha temperamento amargo), de uma anciã bem-humorada (se queremos sublinhar o seu caráter alegre) etc.

No fundo, embora não saibamos nada dos quatro humores ou de teorias semelhantes, todos estamos de acordo em que a alegria tem sem dúvida uma base orgânica e psicológica: quando estamos sãos e tudo nos sai bem, não é difícil mantermos a serenidade e sorrir. «O bom humor é uma situação anímica, que nos oferece têmpera jovial e nos confere uma venturosa elasticidade de conduta. É como esses brinquedos de joão-bobo, esses bonecos com um forte contrapeso na base, que é impossível derrubar»[24]. Mas esse bom humor, se o contrapeso não possui outro chumbo além do temperamental, é frágil e não oferece garantias de permanência.

Na verdade, temos de contar com um lastro formado por dois estratos. São as duas camadas — diríamos — que o Fundador do Opus Dei distinguia na alegria: por um lado, *essa que poderíamos chamar fisiológica, de animal são*[25]; e, por outro, a **sobrenatural, que procede de abandonar tudo** e te **abandonares a ti mesmo nos braços amorosos do nosso Pai-Deus**[26].

Estar de bom humor pode ser algo *visceral*. Ter bom humor, falar e reagir com bom humor, mesmo que o estado das vísceras não seja lá grande coisa, é *maturidade humana*. Mas, quando isso acontece de modo habitual e heroico, é *santidade cristã:* é aqui que entra, como ingrediente fundamental e necessário, a aceitação rendida e gozosa da Vontade de Deus que — como já vimos — era a fórmula de bom humor que mons. Escrivá utilizava e recomendava. Assim, os anos passam sem passar, sem deixar rugas na vida, e não existe mau gênio que valha: ***O bom humor é manifestação externa clara de que existe na alma uma juventude perene***[27].

Todos os que escreveram retratos, perfis ou biografias em sentido próprio do Fundador do Opus Dei estão de acordo — seja com palavras próprias ou fazendo suas as de outras testemunhas — em que um dos traços característicos da sua personalidade era o bom humor.

«É-me muito difícil descrever a imagem de *plenitude* que conservo desde que o conheci pessoalmente, em 8 de setembro de 1960», diz Salvador Bernal. «Foi no pequeno jardim do Colégio universitário Aralar de Pamplona, onde nos encontrávamos mais de cem estudantes, assediando-o com perguntas durante quase uma hora. Aprendi bastante naquela tarde. Senti-me sacudido por dentro. Surpreendeu-me o seu senso de humor. Todos nós rimos muito. Tive a convicção de estar muito perto de Deus. E, além disso, talvez como síntese de tudo isso, diverti-me para valer: foi uma hora deliciosa»[28].

Peter Berglar, que não conheceu pessoalmente Josemaria Escrivá, concentra-se na análise das fotografias que viu: «Percebe-se pelo seu rosto o que significa a filiação divina: tranquilidade, paz, serenidade e alegria; isso é o que irradia». E acrescenta, absolutamente convencido de que esses retratos dizem a verdade: «Todas as suas fotografias de que dispomos (foram publicadas centenas, e milhares não o foram ou não constam do arquivo) têm algo em comum: mostram sempre um Escrivá totalmente natural»[29].

Ana Sastre diz: «Uma constante sublinhada por todos os que conheceram mons. Escrivá, em qualquer das etapas da sua vida, é a alegria e a simpatia envolvente do seu modo de ser e de agir. "Nunca o vi carrancudo, amargurado, azedado, entristecido", afirma Pedro Rocamora, que conheceu o Fundador do Opus Dei nos primeiros anos da sua vida em Madri. E as Irmãs dos Hospitais, testemunhas do seu desvelo por tanta doença, pobreza e morte, comentam: "Recordo-o sempre alegre. Se dentre as suas qualidades tivesse que destacar uma, penso que escolheria esta: a jovialidade, a alegria que emanava da sua pessoa [...]. Alegrava-nos a vida com o seu modo de ser"»[30].

Outros biógrafos de Josemaria Escrivá tecem as suas considerações de uma maneira mais fina — eu me solidarizo com esses tecelões — e distinguem entre a sua «alegria, que é o componente mais destacado do bom humor», e «um elevado sentido do humorismo, que é coisa muito diferente do bom humor»[31], e que não raramente é incompreendido. Por isso vale a pena que dediquemos um tempo a analisar o tema, porque o senso de humor é polifacético e há poucas coisas que apresentem contrastes tão paradoxais.

Uma historieta que uma pessoa ache impressionantemente engraçada pode parecer horripilante a outra. Entender uma piada implica uma certa perspicácia intelectual, ainda que o pensamento discursivo e racional destrua o senso de humor. Uma anedota jocosa pode estar baseada num absurdo e conter ao mesmo tempo uma profunda verdade. Uma saída engenhosa ou uma gargalhada podem expressar afeto e amizade ou então zombaria e hostilidade. Mais ainda, um riso incontrolável pode ser sinal tanto de uma esplêndida saúde mental como de loucura[32]. De modo semelhante, um comentário humorístico pode ser sinal de cordialidade afetuosa ou de sarcástica hostilidade; de vaidosa presunção ou de carinhosa humildade, que se propõe aliviar o próximo do peso de um momento. Não é de estranhar, pois, que o humorismo tenha suscitado explicações tão diversas e mesmo contraditórias*: no fundo, o que se faz é aludir a coisas díspares; algo parecido à pretensão de abarcar numa só frase os diferentes motivos que nos levam a andar.

Mons. Escrivá sabia *rir* — como uma criança — quando ouvia contar um episódio

---

(*) Entre as teorias sobre a essência do humorismo, podem ser mencionadas «a de Hobbes sobre a superioridade, a da espera decepcionada de Kant, a de Bain sobre a degradação, a de Lipps sobre o contraste, a mecanização da vida de Bergson, as hipóteses das defesas psíquicas de Freud, a solução lúdica de Eastman, a ideia da ilusão cômica de Chapiro» (A. Vázquez de Prada, *El sentido del humor*, p. 174).

engraçado ou uma piada, ou quando assistia a divertidos números de caricatos, magos e prestidigitadores, mais ou menos improvisados, que nas tertúlias de família em centros do Opus Dei procuravam de vez em quando fazer passar uns bons momentos; *fazia rir*, com o seu impressionante senso de humor, a pessoa com quem conversava privadamente ou os milhares que o escutavam em reuniões em ginásios ou ao ar livre.

Mas nunca *se riu de* uma atuação infeliz ou ridícula de um filho seu: se os outros soltavam uma gargalhada, porque verdadeiramente a situação era hilariante, ele defendia paternalmente o protagonista do episódio. Assim fez, por exemplo, quando chegou a Roma um canadense de língua francesa, para passar uns anos de formação no Colégio Romano da Santa Cruz, um centro internacional da Prelazia; numa das primeiras tertúlias após o almoço — para quebrar o acanhamento do recém-chegado —, o Fundador interessou-se pela sua viagem, família, pratos preferidos. — **Gostas de abóbora?** O castelhano do interpelado não era grande coisa e um norte-americano sussurrou-lhe ao ouvido a tradução, não francesa, mas inglesa: — «Quer saber se você gosta de *squash*». Como *squash* não é só uma espécie de abóbora comestível, mas também um esporte de raquete, é fácil de entender tanto a resposta como a gargalhada estrondosa que ressoou entre as dezenas de pessoas presentes: — «Não, Padre. Prefiro o tênis».

A nossa missão é tornar alegre e amável o caminho da santidade no mundo[33], dizia o Fundador do Opus Dei. O seu bom humor e o seu grande sentido do humorismo ofereceram-lhe sólidos instrumentos para essa tarefa. Serviu-se deles para proporcionar a milhares de pessoas a possibilidade de descansar alguns instantes: verdadeiramente, uma saída humorística é como um convite para dar um passeio agradável, se alguém está cansado de um trabalho intelectual. «Se o amor é o vínculo da perfeição e a fonte de todo o esplendor espiritual, o humor é a alegria, o encanto, a suavidade, a atração, o sal, a luz, o sabor»[34]. O humorismo enraizado na caridade faz, nesse sentido, o que fazem os esportes, o jogo, o sonho e a literatura. Permite-nos repousar por uns instantes num recanto tranquilo, onde estão suspensas as habituais regras da lógica, as limitações de tempo e lugar, o espartilhamento de uma conduta séria e formal.

Ao mesmo tempo, provocar o riso ou o sorriso é fazer uma espécie de favor intelectual, implica um elogio à nossa inteligência. Gostamos de entender uma piada, porque isso significa — entre outras coisas — que somos capazes de dominar os símbolos que encerra, com as suas alegorias, duplos sentidos, subentendidos etc. No fundo, é como resolver um problema de uma certa complexidade, e daí que alguns tenham sustentado que o riso brota quando se descobre de modo súbito e surpreendente o sentido de uma troça, depois de recombinar em relações novas todos os elementos que uns segundos antes pareciam desconexos e sem significado: talvez seja por esse motivo que não se pode «explicar uma piada», e que as piadas óbvias não tenham graça. La Bruyere disse que «rir-se do humorista é o privilégio do néscio», mas podemos parafrasear o seu aforismo afirmando que captar o humorismo — que não é simplesmente a comicidade do palhaço — é privativo de gente com capacidade intelectual. Se isto é assim, compreende-se que para criar humorismo sejam ainda mais necessários os dotes de amabilidade, inteligência e maturidade. E esses dotes, em níveis preclaros, foram patrimônio de São Josemaria Escrivá.

Já se disse também que o humorista inglês adota uma máscara séria quando graceja, e São Thomas More é um bom exemplo disso, quando faz dizer a um dos seus amigos: — «Thomas, estamos tão acostumados a ver-te parecer triste, quando vais falar brincando, que às vezes a gente pensa que estás brincando quando falas a sério»[35]. A dificuldade que algumas pessoas podem ter em admitir que um santo possa divertir com o seu sentido do humor não se deve somente a um mal-entendido acerca do que é a santidade, como se fosse equivalente a desencarnação*. Pode ser também uma consequência de se identificar o humorismo com o sarcasmo, e este encerra frequentemente, para não dizer sempre, uma pequena ou grande falta de caridade: a mordacidade, embora possa ser engraçada, é uma flecha envenenada; sob a envoltura de um

_____

(*) Ver adiante o capítulo «Não nos levemos demasiado a sério».

sorriso ou de uma piada pode esconder-se uma crítica clandestina, uma desforra ou um ataque mesquinho; é como um aborto de correção fraterna (cf. Mt 18, 15-17). O bom senso de humorismo, pelo contrário, não somente é compatível com a caridade, como — em minha opinião — pode ser uma das suas formas mais finas e delicadas. Não duvido em aplicar-lhe umas palavras de São Boaventura: «santíssima, verdadeira, serena e apostólica caridade»[36].

Entre os carismas que teve o Fundador do Opus Dei, existe um que, para quem não o conheceu, passa quase despercebido: o de aproximar as pessoas de Deus pelo plano inclinado do bom humor. Em *Caminho* escreveu que *a verdadeira virtude não é triste nem antipática, mas amavelmente alegre*[37], e é legítimo estender esse princípio ao zelo apostólico, que não pode ser triste nem antipático, porque isso significaria um contrassenso. Os valores humanos ocuparam um lugar privilegiado na espiritualidade vivida e pregada por mons. Escrivá. Não podia ser de outro modo, se se trata de santificar a vida quotidiana.

Os jogos de palavras são considerados um dos caminhos pelos quais corre o humorismo, e mons. Escrivá não foi exceção a essa regra. Manifestou sempre um particular apreço por D. Santos Moro, Bispo de Ávila durante bastantes anos, de quem costumava dizer que *até no nome tem a santidade no plural*[38]. E serviu-se mais de uma vez dos jogos de palavras para aproximar as almas de Deus: bastam dois exemplos.

O primeiro tem a sua raiz no Evangelho de São Lucas. Aí se lê que os Apóstolos — quando o Senhor os chamou —, deixando tudo (em latim, *relictis omnibus;* Lc 5, 11), o seguiram: *Assim, abandonando tudo de verdade. Penso que, às vezes, [...] alguns [...] não deixaram o* **omnibus.** *E estão numa situação idiota porque viram a Deus, o tocaram, sabem muito deste amor divino; mas como estão metidos no* **omnibus,** *não o soltam*[39].

Acontece por vezes que não acabamos de abandonar todas as coisas, e fica-nos um apego no coração, um erro na nossa vida — quase sempre um erro prático —, e, se nos advertem, assenta-nos mal, e queremos ficar com o **omnibus,** *em vez de o dar ao Senhor*[40].

O segundo exemplo refere-se às características do Opus Dei. Tão marcadas eram a paz e a alegria na vida e nos ensinamentos do Fundador que não faltou quem afirmasse que, no Opus Dei, se fazia «voto de alegria». A sua resposta, repetida em inúmeras ocasiões porque o tema era importante — cabia-lhe, nem mais nem menos, defender o carisma fundacional —, ressoava com acentos divertidos: os membros da Obra, sempre com o maior respeito pelo caminho de outros que a Igreja aprova, não precisam nem precisarão, para a sua santificação pessoal, *nem de votos, **nem de botas, nem de botinas, nem de botões****.

Sou otimista — afirmou de si mesmo —; *primeiro, porque Deus me fez otimista; depois, porque o espírito do Opus Dei está cheio de otimismo; e depois, porque rezamos muito, e Deus nos escuta. Diz Ele que, onde houver dois ou três reunidos em seu nome, ali está Ele no meio deles*[41]. Verdadeiramente, pode-se observar em mons. Escrivá, desde os anos da juventude, a sua alegria e bom humor. Existe uma

---

(*) *Artigos*, n. 477. Em castelhano, o *v* pode pronunciar-se como *b*. A frase, portanto, soaria assim: «nem de botos...». (N. do E.)

fotografia, entre outras muitas, que o evidencia de um modo particular e até chocante[42]. Remonta ao ano de 1922 e retrata um grupo de alunos do Seminário de São Francisco de Paula, em Saragoça. Dos dezessete seminaristas que aparecem na fotografia, apenas Josemaria Escrivá sorri abertamente.

A este propósito, é muito interessante o que observou um arguto historiador e médico: «Monsenhor Escrivá oferece um exemplo de surpreendente semelhança em todas as suas fotografias e retratos ao longo de sete decênios; se se prescinde do processo natural de envelhecimento, não existem diferenças essenciais entre o Escrivá de dezessete anos e o de setenta. O seu rosto conservou até o final uma expressão juvenil, quase de rapaz jovem, devido, talvez, ao seu perfil relativamente suave, ao queixo redondo, às bochechas um pouco gorduchas, à exata risca do cabelo curto, que começou a cobrir-se de cãs relativamente tarde, e, sobretudo, àquele sorriso que muito frequentemente surgia ao redor dos olhos e da boca; um sorriso que, de modo inconfundível, reunia em si calor, esperteza e liberdade de espírito (e imperturbabilidade) nos seus diagnósticos»[43].

Entende-se que Josemaria Escrivá dissesse: *Que estejas muito contente: a tristeza é um inimigo incômodo, que, além disso, nos torna a vida impossível*[44]. Um dos seus colegas nos anos de Universidade — hoje tabelião aposentado — sublinhou esse ponto: «Era muito piedoso, com uma piedade que me chamou poderosamente a atenção. Não era uma piedade que eu chamaria sentimental, de certa maneira tristonha. Era uma piedade simpática, alegre, atraente, que não só era compatível, mas tinha por raiz o seu constante senso de humor e uma visão positiva da vida»[45].

Durante os primeiros anos da década de trinta, uma das muitas tarefas apostólicas que pesavam sobre as suas costas eram as longas horas que dedicava a ensinar catecismo às crianças. Uma das assistentes a essas aulas, que mais tarde seria freira, recordou detalhes daquela época: «Era muito ameno e alegre, e as crianças, algumas delas bem pequenas, divertiam-se muito nas aulas, e não queríamos que nos deixasse. O tempo passava voando e nós lamentávamos que se fosse embora tão cedo [...]. Era muito humano, reparava na minha espontaneidade e sabia passar por alto as minhas impertinências. Às vezes, repreendia-me suavemente, porque interrompia as explicações. Eu dizia-lhe, queixando-me, que já tinha quinze anos, e ele repetia-me: *Mas, para quem tem quinze anos, não tens siso. Não faças brincadeiras, que os pequenos se distraem*»[46]. O interessante é que, quando ele falava, até os pequenos costumavam escutá-lo sem aborrecer-se. Depois de uma das suas tertúlias em Bilbao, em 1972, uma família dali mandou-lhe uma carta. Um dos filhos, sem se deter nos sinais de pontuação, escreveu só esta frase: «Padre gostei muito da sua tertúlia. Foi muito divertida. Miguel».

De maneira certamente mais profunda, houve quem descrevesse assim essas reuniões familiares com centenas ou milhares de pessoas: «De qualquer dos microfones que circulam pelo recinto, salta a exposição de um caso, um pedido de conselho ou de uma explicação. Ao responder, mons. Escrivá sobe e desce do episódio mais ameno ao mais alto mistério da fé e dos cumes do Evangelho à graça da situação cotidiana. Fala em parábolas, como o Senhor. Os ouvintes sorriem, reconhecem-se no episódio, deixam-se levar, felizes, para o alto. Mas, na realidade, ele não subiu nem desceu: não saiu desse ponto em que o divino e o humano se encontram, em que orar e trabalhar são a mesma coisa, em que o bom humor terreno e a alegria de Deus se identificam»[47].

De vez em quando, no momento mais inesperado, surgia a brincadeira amável do Padre: as suas respostas rapidíssimas e surpreendentes, às vezes apenas um gesto ou um breve comentário. Um exemplo é o que aconteceu em Barcelona, durante o que às vezes chamou a sua *correria apostólica* pela Península Ibérica: Espanha e Portugal. Tinha-se reunido com um grupo de casais no IESE (Instituto de Estudos Superiores da Empresa), e mons. Escrivá — sem sentar-se — falava. A certa altura, quando se fez um brevíssimo silêncio, talvez porque o auditório tinha ficado um pouco pensativo, alguém afastou um pouco uma mesinha que estava por lá perto, a fim de facilitar os movimentos ao Padre. E saltou o comentário que quebrou a meditativa seriedade, tal como um riso de criança desarma mil aborrecimentos: — *Já vedes que têm medo de que me ponha a derrubar coisas. Como se fosse da cavalaria ou coisa assim!*[48].

No dia 19 de março de 1971, festa de São José, o santo do seu nome, muitas pessoas de todo o mundo enviaram-lhe abundantes ramos de flores. Obviamente, mostrou-se agradecido, mas também não faltou o toque de bom humor, desta vez apoiando-se na fragilidade das coisas humanas: *Ainda bem que chegam muitas orações de contemplativas**, *porque, se chegassem só flores, estaríamos perdidos...*[49].

É significativo que os apertos materiais e a pobreza tenham sido com frequência o que fazia saltar a chispa do humorismo na vida de mons. Escrivá. No fim da década de cinquenta e nos começos da de sessenta, fez em Roma frequentes visitas a mons. Samoré, que depois chegaria a ser Cardeal. Era o mês de fevereiro e, ao término de uma dessas visitas, quando o ajudava a vestir a «*dulleta*» — uma espécie de sobretudo que então fazia parte do traje clerical de rua, nas quatro estações —, mons. Samoré comentou: — «Mas é leve... Deve agasalhar pouco!» E o Padre respondeu-lhe com um sorriso: — *Em compensação,*

(*) Religiosas que, por vocação, se dedicam unicamente à oração, e normalmente vivem em clausura. (N. do E.)

dá muito calor no verão, porque não te-nho outra.

Sabina Alandes recorda um episódio ocorrido em 1944: «Sabíamos que o Opus Dei estava sem dinheiro. Pude observar de maneira tangível que o nosso Fundador trabalhava com poucos ou nenhuns meios econômicos». E, no entanto, as necessidades apostólicas continuavam a crescer. Diante dessas urgências, disse na ocasião: — *Pedi ao Senhor que nos dê dinheiro, pois nos faz muita falta, mas pedi-lhe milhões, porque, se tudo é dEle, dá na mesma pedir cinco milhões ou cinco bilhões, e postos a pedir...*[50]. Não se pense, nem por um momento, que os cinco bilhões chegaram então ou mais tarde. O que não quer dizer que não tivesse chegado o necessário para levar adiante esses apostolados, sempre que voltou a fazer falta dinheiro para os projetos que mons. Escrivá promovia e fazia promover: *Gasta-se o que se deve, ainda que se deva o que se gasta*[51].

Em cada necessidade, a sua oração e confiança no Senhor foram o sistema de que se serviu para resolver as dificuldades e obter ajuda de pessoas generosas e magnânimas. Por isso, podia afirmar que, *se a Obra de Deus tivesse sido feita com dinheiro dos homens, pouca Obra de Deus seria*[52].

A história repetiu-se muitas vezes, entre outras quando se tratou de adquirir o edifício em que agora se encontra a sede da Prelazia do Opus Dei em Roma. O proprietário queria que lhe pagassem em francos suíços, mas — ante a dificuldade de conseguir não só o dinheiro, mas essa moeda concreta —, «o Fundador não se alterou. Recebeu a notícia com serena confiança. Se nem sequer tinham a quantia, para que preocupar-se com as divisas em dinheiro vivo? A nova exigência do vendedor não os colocava nem em melhor nem em pior situação que antes, estando como estavam atolados até o pescoço. *Como não temos nada, tanto faz para o Senhor conseguir-nos francos suíços ou liras italianas!*»[53].

Essas dificuldades econômicas não deixaram, no entanto, de afetar a saúde do primeiro sucessor de mons. Escrivá, o Bispo Prelado do Opus Dei D. Álvaro dei Portillo. «O pe. Álvaro trabalhava até espremer-se. Ficava doente. Levantava-se da cama. Continuava a trabalhar. O Padre conhecia muito bem o diagnóstico e o tratamento. Meio a brincar, meio a sério, sentenciava em público: *Uma boa cataplasma de dólares no bolso do meu filho Álvaro, para que fique bom*»[54].

A escassez de meios não foi nunca um obstáculo para a sua alegria e bom humor. Se não tivesse sido assim, o Opus Dei teria deixado de existir, porque *a alegria é parte integrante do caminho* aberto por mons. Escrivá pelo Fundador[55]. A tempo e a destempo, não deixava de recomendar: *Que estejam alegres os meus filhos, se alguma vez lhes falta alguma coisa!*[56] E verdadeiramente a alegria nem faltou nem falta no Opus Dei, graças a Deus. O seu Fundador, por exemplo, que durante algum tempo teve que dormir no chão, porque não havia camas suficientes na casa, e utilizava como almofada um livro de teologia, ironizava sorrindo: *Nem que seja só por isso, tenho a obrigação de ser um bom teólogo!*

Enquanto não se dispôs em Roma dos edifícios que hoje constituem a sede central da Prelazia, mons. Escrivá — e os que estavam com ele — residiam na pequena construção que tinha servido como portaria da casa principal. Um dos que então moravam ali comentou que, se um ladrão tivesse tentado entrar de noite, teria temido ser vítima de uma alucinação ou teria fugido horrorizado, ao ver gente dormindo no chão ou em colchonetes de campanha que se enrolavam de manhã e se guardavam nos banheiros ou em algum canto. Uma boa parte do espaço era ocupada por uma escada que unia os dois andares da casa, e assim — com uma base física, mas também com uma boa dose de humor — mons. Escrivá podia afirmar: *Vivíamos como Santo Aleixo, debaixo da escada**.

Uns anos mais tarde, mencionando às vezes como razão o conhecido episódio

---

(*) *Artigos*, n. 1075. Embora seja muito conhecida, talvez valha a pena recordar brevemente a história de Santo Aleixo. Segundo a tradição, tratar-se-ia de um nobre romano (do séc. V) que, no próprio dia do casamento, decidiu abandonar o mundo e partiu para terras longínquas, onde viveu em extrema pobreza, desconhecido de todos. Quando, ao cabo de um certo tempo, se descobriu a sua identidade, voltou a desparecer. Desta vez, retornou a Roma e apresentou-se — sem ser reconhecido — em casa dos pais, que o acolheram como um pobre peregrino, e lá morou debaixo de uma escada, sofrendo pacientemente as zombarias dos servos. Pouco antes de morrer, numa carta, revelou a sua verdadeira identidade à família.

relatado por Cassiano nas suas *Collationes**, quis que se adquirisse um piano para que os alunos do Colégio Romano da Santa Cruz — o centro internacional de formação da Prelazia — pudessem cantar e distrair--se. Não havia dinheiro, e pediu-se ajuda a parentes e amigos. Quando se tinha conseguido juntar a quantia necessária, impôs-se o *primum vivere* — «primeiro, viver...» — e o dinheiro que se tinha recebido para adquirir o famoso piano foi gasto em pagar as coisas da comida. Aconteceu o mesmo mais de uma vez, e o Fundador — brincando com o episódio — costumava

---

(*) Cf. *Collationes Patruum*, XXIV, 21. O cenário da história que refere remonta ao século I, quando ainda vivia o Apóstolo São João. Um caçador encontrou-o um dia entretido em acariciar uma perdiz. O bom homem admirou-se de que o Apóstolo empregasse o tempo em coisa tão trivial, e, ao perceber a sua surpresa, São João perguntou-lhe: — «Por que não levas todo o tempo o arco tenso?» — «Porque — respondeu o caçador —, se o fizesse, o meu arco perderia elasticidade e não me serviria quando quisesse usá-lo». — «Não te surpreendas então — disse São João — de que eu faça a mesma coisa. Se o nosso espírito estivesse constantemente em tensão, debilitar-se-ia, e não nos serviria quando tivéssemos necessidade de empregá--lo novamente com mais energia».

comentar, quando o recordava: ***Comemos vários pianos***[57].

Existe outro testemunho divertido do seu bom humor — desta vez manuscrito — perante as consequências da pobreza que viveu. Durante dezoito anos, depois de ter chegado a Roma, não permitiu que a sua cama — quando já pôde usar uma — tivesse colcha, se não a podiam ter todos os outros. Só em 1964 é que foi possível colocar-lhe uma colcha, que foi a que usou até o dia da morte. Com o seu bom humor habitual e a sua grande graça literária, numa carta que escreveu a 3 de março de 1964 ao Diretor do Opus Dei na Espanha, acrescentou este *post-scriptum*: ***Grande notícia! Desde há três ou quatro dias, dá-me muito respeito entrar no meu quarto de dormir, porque me puseram* uma colcha *na cama! Será que, por fim, temos dinheiro para comprar uma colcha? Bendita pobreza! Amai-a, sem espetáculo, com tudo o que traz consigo.* Laus Deo!** Dias antes, havia perguntado se todas as camas dos seus filhos em Roma já tinham colcha[58].

EM FAMÍLIA

Afirmar que o Opus Dei é uma família é afirmar uma realidade sólida e gozosa. Ao mesmo tempo, é compreensível que aqueles que não o tenham experimentado possam mostrar-se um pouco céticos diante dessa afirmação, porque não raramente grupos, instituições de todo o gênero e até sociedades anônimas de caráter comercial — que não têm um tiquinho de ambiente de lar — pretendem convencer e convencer-se de que eles também são família.

Ora, uma das características da vida numa família em que todos se dão bem é a naturalidade com que se torna grata a vida aos outros com coisas que não seriam apropriadas em sociedade, no trabalho ou na rua. Assim são, por exemplo, as lembranças de pequenos nadas da infância, a evocação repetida de episódios cheios de graça, as brincadeiras carinhosas que

59

resistem à passagem dos anos. O seguinte episódio, referido numa reunião na sede do IESE, em Barcelona, vale por mil demonstrações:

Sabeis que no México existe um Instituto como este. Morava em Roma um filho meu, cujo pai tinha muitos negócios no México e era já de certa idade. A família considerou conveniente que o filho passasse a encarregar-se dos negócios. Ele é, por vocação, filósofo, e um grande filósofo. Quando me falou de negócios, pus-me a olhá-lo, comecei a rir e disse-lhe: — «Negócios?... O dinheiro que ganhares, põe-no aqui na palma da minha mão, que me sobrará lugar». Passaram alguns anos, fui ao México e vi que se tornara um professor admirado e tinha multiplicado os negócios do pai. Contei o episódio numa reunião de alunos e, no final, disse-lhe: — «Carlos, aqui está a minha mão. Não te disse que, o que ganhasses, mo pusesses aqui?» E ele levantou-se e, ante a expectativa de todos, beijou-me a palma da mão. E disse: — «Feito». Dei-lhe um abraço e respondi-lhe: — «Pagaste-me de sobra. Vai, malandro, que Deus te abençoe!»[59]

O Fundador do Opus Dei brincava especialmente com os seus filhos: *Não tenho mãos*, dizia às vezes, escondendo-as nos bolsos ou atrás das costas, quando alguns se aproximavam para beijá-las. Os «impropérios» afetuosos ou sorridentes com que gracejava — **ladrão, bandido, guapo, babão, tolo ou tola, caradura, malandro** etc. — são outra manifestação do seu bom humor e do seu carinho paterno, simples e sem formalismos: sentido de família, outra vez.

Assim reagiu, ao ver que alguém se aproximava para tirar-lhe uma fotografia, logo que chegou à Argentina: *Que estás fazendo, menino! Não é a última viagem! Devias ter-me tirado uma fotografia quando tinha vinte anos, e não agora que tenho sete, malandro!**

Certa vez, em Roma, um grupo de mulheres do Opus Dei dirigia-se a um lugar da

---

(*) RHF, 20770, p. 357. Quando se aproximava dos setenta anos, mons. Escrivá começou a brincar com a sua idade, dizendo que o zero não significava nada, e por isso o tirava. Por trás da brincadeira, escondia-se um profundo motivo sobrenatural: era uma lembrança de que, diante de Deus, não era senão uma criança.

casa para fazer a limpeza; tinham de passar pela sala de jantar onde mons. Escrivá, depois de ter acabado de tomar o café da manhã, parecia mergulhado no jornal. Uma delas voltou-se para olhar o Fundador que lia. A pobrezinha quase desmaia de surpresa e de um acesso de riso, porque, ao voltar-se — ao invés de ver as páginas do diário —, deparou com o olhar do Padre que, por cima das páginas que folheava, lhe mostrava a língua num gesto brincalhão e afetuoso.

Em outra ocasião, também em Roma, teve necessidade urgente de ir buscar um documento num local da casa que, nesses momentos, estava ocupado pelas que cuidavam da limpeza. Embora respeitasse com delicadeza esses momentos, entre outras razões para não interromper o trabalho das suas filhas, dessa vez decidiu ir com outro sacerdote buscar os papéis em questão. Naquela altura, não se tinha generalizado o uso de eletrodomésticos para essas finalidades e — quando chegou ao quarto onde estava o documento — uma das encarregadas da limpeza estava ocupada em lustrar o chão encerado, com flanelas debaixo dos dois pés, num constante movimento que lembrava patinação sobre o gelo. Ao vê-la, para indicar que precisava de uma coisa daquele quarto, sorriu e disse: — *Filha, acabou o bailado!*

É também coisa própria das famílias os pais usarem diminutivos ou aumentativos carinhosos para se dirigirem aos filhos. No Opus Dei, esse traço também esteve presente ao redor do Padre: Perico, Chiqui, Javito, Juliancete, Pacorro, Joaquinillo, Seveta, Joeíto... Neste caso, não se tratava de crianças, mas de adultos que, às vezes, penteavam cãs, se é que a calvície não o impedia, mas junto ao Padre todos nos sabíamos filhos. Além disso, esses nomes não eram apenas características de família, mas sinais de bom humor.

Quando alguém se sentia chamar pelo diminutivo ou pelo aumentativo que o próprio Padre tinha inventado, ou ao menos personalizado, e que geralmente ninguém mais usava, sabia-se que vinha alguma coisa. Numa carta de 1938, pode-se ler uma carinhosa repreensão que dirigiu aos que estavam com ele em Burgos, porque não comiam o suficiente: *Pacorro: tens de me dizer, quando me escreveres, se lanchas ou não: seria uma vergonha se ainda houvesse no armário umas latas de conserva. [...] Pedro: Encarrega-te disso e de comprar-lhe porções de queijo. E os dois — tu estás a fazer-te de pele e osso, com muita elegância — deveis animar-vos e não deixar de tomar lanche nem um só dia*[60].

Numa das suas viagens, conheceu um membro da Prelazia, já de certa idade e aspecto distinto, que ostentava uma barba branca e bem cuidada. Sorrindo, disse-lhe que parecia *saído de um quadro de El Greco, do enterro do Conde de Orgaz, mas dos vivos, hein?* E a seguir, interrompendo os risos de todos, acrescentou: *Tem todo o aspecto, toda a nobreza...* **Só lhe falta a gorjeira**[61].

Outra das características do Opus Dei é a liberdade — dentro da fé católica — que todos os membros têm de formar e adotar as suas opções pessoais em temas de gosto artístico ou literário, de política, técnica, soluções sociais, trabalho profissional etc. Não me lembro de nenhuma ocasião em que o Fundador se tivesse imposto aos seus filhos em algum desses campos; pelo contrário, lembro-me, sim, de episódios em que defendeu energicamente a liberdade de que gozavam.

Mas quando o exercício de um gosto pessoal podia distorcer a vida ou o espírito do Opus Dei, o Padre pedia moderação aos seus filhos. Tal é o caso dos arquitetos que têm de planejar os edifícios necessários para os trabalhos apostólicos corporativos da Prelazia. Quando quase no fim da vida o Fundador empreendeu em Roma a construção da sede do centro internacional de formação da Prelazia — *uma das minhas últimas loucuras* —, as leis municipais exigiam que, dada a proximidade de um pequeno aeroporto, a construção fosse baixa. Os arquitetos puseram mãos à obra e, nos seus primeiros estudos, fizeram um esboço, evidentemente muito aproximado, de como concebiam o conjunto dos edifícios que tinham de projetar. O desenho encontrava-se estendido sobre uma prancheta, quando um dia o Fundador entrou no escritório. Não gostou da solução, que lhe pareceu sem alma nem estilo, quase como se fosse uma granja avícola, e, quando os arquitetos voltaram ao trabalho depois do almoço, encontraram uma palavra manuscrita do Padre, que com traços enérgicos e a sua dose de brincadeira havia qualificado assim o esboço: *Galinópolis!*

Nem excesso de linhas retas, nem excesso de arabescos. Quando visitou a Guatemala, em 1975, viu no centro onde ficou alojado dois consolos de madeira talhada, dos dois lados de uma porta, e sobre eles duas grandes gravuras francesas. Ao notá-los, o Padre comentou com um sorriso, pensando no gosto barroco de outro filho seu: *Se os visse D. Pedro* [o pe. Pedro Casciaro]*, com certeza que suspiraria*[62].

Muitos — se não todos — dos que trabalhamos junto do Fundador do Opus Dei aprendemos dele a escrever em estilo direto e juridicamente preciso, quando se tratava de preparar documentos de caráter ascético, canônico, apostólico etc. Sempre me lembrarei, comovido, da persistência com que o nosso Fundador, nos primeiros tempos do meu trabalho ao seu lado, corrigia e voltava a corrigir o estilo das poucas linhas que tinha preparado a seu pedido: que fácil lhe teria sido escrevê-las pessoalmente! Mas foi assim, com essa paciência, que alguns de nós nos formamos na tarefa de ajudá-lo.

Como todo o escritor, tinha as suas preferências e as suas fobias literárias — não lhe agradava a expressão *por isso,* nem por brincadeira —, e preferia o estilo direto e sem retórica: por exemplo, era inimigo de gerúndios desnecessários — dizia dos gerúndios que investiam *como touros* — e de introduções retóricas como *ora bem...*, *dado que...* Que gargalhadas demos na altura — e muitas vezes depois, ao rememorarmos o episódio — quando um de nós iniciou um relatório com o tal *Dado que!* Mons. Escrivá devolveu o papel com todo um rendilhado em esferográfica de cor vermelha, que era a que usava então, que preenchia as quatro margens da página: **Dadoooooooo...**

Certa vez, brincando, apontou para D. Javier Echevarría, então seu secretário e depois seu segundo sucessor à frente do Opus Dei, e comentou: ***Com quem mais me zango é com este, que é um* mandão**[63]. A palavra mandão era uma hipérbole humorística para se referir às tarefas próprias de todo o bom secretário. Aliás, outros afazeres menos ligados a agendas, visitas e horários também o ajudavam a reforçar a sua brincadeira.

Era o que costumava acontecer a propósito do fio do microfone que se utilizava nas reuniões públicas que tinha durante as suas viagens: D. Javier mantinha o fio na mão, e ia-o puxando e soltando para que o Padre não se enrolasse nele à medida que andava para cima e para baixo pelo estrado; nisso o Padre encontrava outro argumento divertido para protestar de que o *trouxessem atado*, a ele que era tão amigo da liberdade. Certa vez, quando — numa dessas tertúlias — olhou para trás e viu que não era D. Javier quem sustinha o fio do microfone, comentou numa humorística mistura de italiano e espanhol: *Ah!* **Meno male!** *Pensei que era Javi quem me puxava pela corda.* E dirigindo-se a ele com um sorriso acrescentou: *Javi, que sorte tiveste! Ia meter-me contigo. E hoje és bom: é o primeiro dia em que és bom*[64].

Umas das consequências práticas do humor do Fundador, que perdura e perdurará sempre nos centros do Opus Dei, é a brincadeira carinhosa que sempre acompanha os presentes trazidos — segundo os países — pelos Reis Magos, o Menino Deus, a *Befana**, Papai Noel ou seja quem

---

(*) *Befana* é a fada que, na Itália, traz os presentes natalinos, no dia dos Reis Magos. (N. do E.)

for. Além de um presente modesto e útil, não pode faltar algum pormenor que faça rir em família. E tal como o estabeleceu, assim o cumpriu.

Quando, no verão de 1970, passou umas semanas na campina italiana, trabalhando e descansando do ritmo romano, um dia foi de passeio até um povoado próximo. Era um dia de feira ao ar livre e entreteve-se andando entre as barracas e observando com curiosidade o que os bufarinheiros tinham para vender. Com seis meses de antecedência, lembrou-se da *Befana* e comprou umas bugigangas engraçadas, para cada um dos que morávamos com ele. Um professor alemão, bom pianista, recebeu da *Befana*, no dia 6 de janeiro seguinte, uma rústica ocarina de barro; outro e eu não pudemos conter o riso quando, ao abrirmos o pacote da *Befana*, descobrimos enormes cinzeiros de cerâmica, mas em forma de vaso sanitário, em que se lia um conselho higiênico ao gosto aldeão!* Como era fácil sentir-se querido e

---

(*) *Se vuoi avere una vita sana e serena, cerca ogni mattina di tirare la catena,* «Se quiseres ter uma vida sã e serena, procura cada manhã dar a descarga».

parte de uma família, alegre e unida, quando se estava com o Fundador da Obra!

Baturro, conseguinte sair-te com a tua![*][65] disse ao Vigário Regional do Brasil — como ele, aragonês de nascimento —, mal chegou a esse país em 1974. Era um modo brincalhão e carinhoso de expressar a sua gratidão pela insistência com que no passado o Dr. Xavier Ayala lhe tinha pedido para fazer essa viagem.

O que comeis neste país? Sois como os cedros do Líbano, de dois metros e tanto[66], foi outro dos seus comentários ao ver, poucas horas depois, a altura de vários brasileiros, enquanto acompanhava as palavras com um gesto expressivo que provocou a gargalhada de todos os presentes. *Como se está aí em cima?*, costumava perguntar outras vezes aos que exibiam uma estatura excepcional. *Perfil de águia e entranhas de pomba,* era o retrato carinhoso com que descrevia outro filho seu, de origem libanesa, que exibia — e continua a exibir — um galhardo apêndice nasal.

(*) *Baturro* é uma expressão familiar com que se designam os camponeses de Aragão. (N. do E.)

Os membros do Opus Dei, desejosos de entesourar reflexões pessoais do Fundador, pediam-lhe por vezes que lhes aconselhasse alguma breve oração para que a pudessem repetir. As suas respostas a esses pedidos costumavam ter frequentemente um tom de jocosa repreensão: *Muitas vezes me pedis: Padre, diga-me uma jaculatória ... Eu vos daria uma surra...* Quando os risos se apagaram, continuou: *Uma jaculatória...? Mas será possível que não saibais falar com o coração às pessoas? Como falaríeis com a namorada? Que quereríeis? Que vos **soprassem** para conversar com a namorada? Pois bem, para falar com Deus Nosso Senhor, a mesma coisa. Tenho repetido uma jaculatória que ouvi de certa pessoa; a gente ri muito, mas é uma boa jaculatória. Alguém que já estava cansado e dizia: — Senhor, estou por aqui!*[67]

Referindo-se ao entretenimento e ao jogo, São Francisco de Sales adverte: «Cuida de não pôr o coração nessas diversões. Por muito inocente que uma diversão possa ser, é mau deixar nela o coração e os afetos. Não digo que não devas encontrar prazer no jogo, porque então não seria descanso.

No entanto, não deves colocar nele o teu coração, nem gastar muito tempo nisso, nem tomá-lo muito a sério»[68]. O Fundador do Opus Dei, que logicamente compartilhava esses princípios (pertencem ao mais elementar senso comum sobrenatural, com perdão pelo híbrido), tinha maneiras bem joviais de recordá-los.

Com que frequência pudemos ouvi-lo tirar importância às paixões futebolísticas comentando que esse esporte lhe parecia uma grande parvoíce! E explicava com divertida e afetada ignorância que seria melhor dar uma bola a cada um dos vinte e dois jogadores e que se divertissem com ela, ao invés de ter tantas pessoas, em correria de um lado para o outro do campo, atrás de uma só. Quantas vezes fez ostensivas e descaradas falcatruas com alguns filho seu, ao jogar *boccia,* ou então baralho — como aconteceu no seu refúgio da Legação de Honduras durante a guerra civil espanhola[69] —, para os divertir e para que ninguém tomasse o jogo muito a sério nem considerasse a derrota ou vitória como uma grave questão de honra!

Um dos encargos que recebi do Fundador do Opus Dei quando trabalhava na sede central foi o de guardar as relíquias que agora se veneram em vários oratórios da Cúria do Opus Dei, em Roma. Em 1957, começou-se a encher de relicários o Oratório de Relíquias, que então se acabava de construir. Mons. Escrivá entregou-me tudo o que — com tanta previsão como piedade — fora reunindo com esse fim, e deu-me os oportunos conselhos: entre outras coisas, recomendou-me que não deixássemos de oferecer ao Senhor — de santificar — toda aquela tarefa: **Cum sanctis sanctus eris***, sê santo ao cuidar das coisas santas. Fez finca-pé na necessidade de que verificasse cuidadosamente a autenticidade de cada uma das relíquias e — além de orientar-me sobre o modo de fazê-lo — explicou-me humoristicamente a razão: *porque — sabes? — não tenho nenhuma devoção por costelas de gato.*

Seguindo as suas indicações, fui colocando à parte as «relíquias» que não ofereciam garantias, quer pela sua natureza,

---

(*) Cf. *Ps* 17, 26. O texto da Vulgata que mons. Escrivá adaptava para a sua exortação diz: *Cum sancto sanctus eris,* «Com o santo, serás santo».

quer pela ausência de selos ou documentos de autenticação: ao final, tinham-se reunido alguns envelopes com minúsculos fragmentos de matéria indeterminada. Quando, passados alguns meses, concluímos essa tarefa, perguntei-lhe o que fazer com essas coisas. E depois de escutar as minhas explicações sobre a sua natureza e procedência, disse-me: — *Podes queimá-las*. E com uma piscadela sorridente acrescentou: ... *com muita devoção*.

Lembrar-me-ei sempre de outro episódio engraçado, relacionado com o meu trabalho com as relíquias. Numa excursão pelo campo, encontrei num matagal um chifre de carneiro. Pensando utilizá-lo como pesa-papéis, tratei de limpá-lo e encerá-lo; e começou a cumprir a sua missão sobre a minha mesa de trabalho. Certo dia, o nosso Padre quis encarregar-me pessoalmente de uma tarefa e veio ao meu escritório. Enquanto eu tomava algumas notas sobre o que me dissera, vi que brincava com o aludido pesa-papéis. Ao terminar, perguntou-me: — *Escuta, e isto, o que é? Uma relíquia de São Cornélio?*

Numa das suas estadas em Pozoalbero, uma casa de retiros que o Opus Dei utiliza em Jerez de la Frontera, Espanha, comemorou-se o quadragésimo aniversário da fundação do Opus Dei. Era o dia 2 de outubro de 1968, e mons. Escrivá fez um brinde: *Sempre fiéis, sempre alegres, com alma e com calma*. Quatro anos depois, ao acondicionar ali mesmo um antigo lagar para as reuniões que o Fundador do Opus Dei teria com centenas de pessoas, colocou-se um reposteiro em que, com grande afeto pelo Opus Dei, umas freiras sevilhanas tinham bordado as palavras daquele brinde. O reposteiro ficou colocado atrás do estrado, esplendidamente emoldurado por um dintel de pedra pré-existente. Quando o Padre o viu, escapou-lhe rápido o comentário humorístico: *Já se vê que aqui não se pode dizer nada: logo o colocais pelas paredes*[70].

Não era amigo de solenidades nem gostava de ser o centro das atenções. Só quase no fim da vida os seus filhos conseguiram vencer a sua resistência e conseguiram dele que se pudessem filmar e registrar em vídeo as tertúlias que teve em diversos países com milhares de pessoas. Mas era frequente ouvir-lhe nessas ocasiões algum comentário irônico, que era como que a sua desforra pela violência que se fazia ao seu natural. — *Ah! Tu me apontas uma metralhadora...*[71], disse num auditório a alguém que, à beira do palco, seguia a direção da sua voz com uma haste de microfone.

Antes de outra tertúlia, brincou com a pessoa que lhe prendia ao pescoço o pequeno microfone: — *És tu que me colocas o chocalho?* E quando o interpelado teve um pouco de azar e se enrolou com o cabo, enrolou também o Padre, que protestou com uma nova brincadeira: *Como! Prendem-me também os pés? Viva a liberdade!*[72]

Em outra ocasião, não desperdiçou a desaprovação brincalhona para humilhar-se: *Olha este menino! Tinha-me colocado um microfone! A traição! Mas o Padre perdoa-vos, porque o Senhor tem de perdoar muito o Padre: eu também fiz muitas malandrices com Nosso Senhor. Padre, pôs-lhe microfones? Quase, quase...*[73]

Nas tertúlias, costumava falar em voz baixa, sublinhando as palavras com um gesto, um sorriso, um olhar de carinho ou uma expressão firme, enérgica. Umas vezes, respondia a alguma pergunta indiscreta com uma evasiva; outras, respondia devagar, detendo-se em cada palavra, acentuando os matizes e as pausas, e dando muito mais do que pretendia aquele que formulara a pergunta.

Havia ocasiões em que a sua resposta era rápida, quase um grito carinhoso e cheio de fortaleza. Depois — quando talvez os que o escutavam tinham ficado excessivamente sérios — sorria ou contava um episódio divertido ou fazia-os rir com um comentário cheio de espírito. ***Este é o que hoje comeu língua***[74], foi o seu comentário brincalhão diante de um perguntador atrevido. E, em Sevilha, quando uma vez lhe apresentaram dois irmãos gêmeos — Jesús e Antonio — e o Padre abraçou os dois ao mesmo tempo, saltou-lhe o comentário: ***Mas beijam da mesma forma!***[75]

Brincava com os seus filhos a propósito de episódios ou acontecimentos do passado, que retinha de um modo impressionante: ***Este filho é uma espécie de carro blindado***[76], disse ao saudar um membro da Obra a quem não via há bastantes anos, relembrando os seus tempos de jogador de rúgbi.

Que sorte! O vigilante vigiado... Este pecadoraço, perdoando pecadores...[77], comentou no meio das risadas de todos quando, numa tertúlia com sacerdotes de várias dioceses, um deles — que conhecera o Padre nos seus tempos de estudante em Roma — contou que o tinham nomeado Cônego Penitenciário da sua diocese.

Em 1972, durante uma das suas visitas a Islabe, uma casa de retiros perto de Bilbao, tinham preparado uma pequena árvore, para que a plantasse; outra contribuição para o *bosque inteiro* que, como dizia, o haviam feito plantar ao longo da sua vida. Obviamente, o jardineiro, um membro do Opus Dei, estava lá, e, ao aproximar-se e vê-lo, o Fundador disse: *Antes quero dar um abraço a este meu filho*. O jardineiro, que estava atrás da árvore, já metida no buraco, dirigiu-se de um pulo até o Fundador com os braços abertos. Ao vê-lo assim, um pouco ameaçador no seu vigor físico, o Padre avisou-o rindo: — *Não apertes muito, que eu já sou velhinho*... Falou-lhe de outras coisas e, quando recebeu a pá para pôr a terra ao redor da nova árvore, olhou-a e comentou: *Ainda bem, é uma pá de verdade ... Porque a estas coisas, costuma-se pôr-lhes muito enfeite*... E lançou três pazadas, invocando o Pai, o Filho e o Espírito Santo[78].

Em outra ocasião, também a propósito de árvores, passeava pelo jardim do Sítio da Aroeira, uma casa de retiros perto de São Paulo. Reparou nas frondosas árvores que havia e recordou episódios que lhe haviam contado sobre a fertilidade da terra brasileira. Depois, perguntou aos que o acompanhavam: *Mas plantastes estas árvores ontem?*[79]

Costuma-se admitir que uma das características do engenho humorístico é a brevidade. Eu acrescentar-lhe-ia a rapidez e o inesperado. Numa tertúlia com sacerdotes de muitas dioceses, um dos assistentes — ao ver a poltrona que se tinha preparado para o Padre — convidou-o cortesmente a sentar-se: — «Padre, por que não se senta?» — *Porque estou muito bem de pé*[80] foi a pronta resposta. Todos começaram a rir, e o Padre aproveitou esse momento para ter um detalhe de afeto com o sacerdote que acabava de interpelá-lo.

Em outra ocasião, em São Paulo, quase ao final de uma tertúlia, que se prolongava mais do que o previsto, perguntaram-lhe: — «Padre, qual é a sua maior alegria?» E quando talvez se esperasse uma reflexão explicitamente apostólica ou espiritual, replicou: — *Nestes momentos, estar convosco, e desobedecer desde faz meia hora ao Conselheiro do Opus Dei**. As pessoas aplaudiram no meio de gargalhadas, embora ele tivesse prosseguido: *Depois de ter desobedecido, vou fazer um ato de obediência: retiro-me, mas custa-me muito. Vou dar-vos a bênção*[81].

Em outra ocasião, censurava com carinho um membro do Opus Dei, *por matar-se de trabalhar,* e pediu à esposa: *Minha filha, que ele arranje tempo para descansar. Estás-me ouvindo? Pede-lhe isso, exige-o dele. É preciso passear pelo menos meia hora ou uma hora diária. Todos arranjam esse tempo. Não sei por que tens de ser um dos poucos que não o conseguem...* E quando todos escutavam atentos e compungidos a censura paterna, mudou de tom, sorriu e acrescentou: *Entre esses poucos, também estou eu...*[82]

(*) Após a ereção do Opus Dei como Prelazia pessoal, em 1982, o Diretor da Obra num determinado país passou a designar-se com o nome de «Vigário Regional», ainda que também continue a empregar-se o termo «Conselheiro». (N. do E.)

Costuma ser um lugar comum a preocupação pela idade ou pelo aspecto físico, que em algumas pessoas chega a beirar a neurose ou até a ir um pouco mais além. O bom humor de mons. Escrivá alcançou neste assunto cotas surpreendentes e originais, e converteu-se num amável instrumento para desdramatizar o tema e ajudar a enfrentá-lo com visão de fé. Era conhecida a sua afirmação, depois de ter feito setenta anos: *Plantei-me nos sete e daí não passarei, porque um zero não vale nada*[83]. *Mandei passear o zero*[84].

Queria sublinhar assim, com uma brincadeira cheia de sentido, que o itinerário da vida é um progressivo aprofundamento na infância espiritual — os *sete anos* — com o que, além disso, se dava ao luxo de meter-se carinhosamente com os que o escutavam, porque na maioria das vezes eram *mais velhos* do que ele[85].

Um rapaz jovem, que evidentemente não tinha conseguido compreender a referência aos *sete anos*, quis saber o porquê: *Vou-te dar duas explicações, que te convencerão. A primeira, porque te ensinaram que o zero à esquerda não vale nada — claro que neste caso está onde*

*vale, mas ..., enfim, faremos uma trapa-
çazinha: fora! — Fico com o sete: mandei
passear o zero... E, por outro lado, gosto de ser pequeno diante de Deus. Vós já
não sois tão pequenos, mas, se tivésseis
três ou quatro anos, seríeis olhados com
mais carinho ainda, e a mamãe e o papai
vos perdoariam imediatamente quando
fizésseis uma besteira. Convém-me que o
meu Pai do céu me ajude, e me conduza
pela mão, e me perdoe*[86].

É interessante ver que não reservava
essa receita só para ele. Sempre que tinha uma oportunidade, gostava de fazer
uma visita a mosteiros de freiras de clausura e de lhes dirigir umas palavras através
da grade do locutório. Em vários países e
com acentos diversos, escutavam-se os risos das freiras quando o Padre deixava cair
alguma brincadeira afetuosa no decorrer da
sua conversa espiritual.

Numa dessas visitas, uma freira aproveitou um momento de silêncio para dar
uma notícia simpática: — «Padre, está
aqui uma de 88 anos...» — *Não!, de oito!*
E a comunidade estalou numa sonora gargalhada. — *Os que estamos entregues a
Nosso Senhor não somos velhos nunca,*

temos a juventude de Jesus Cristo: **Iesus Christus heri et hodie, ipse et in saecula.** *Jesus sempre, ontem, hoje, quando passam os séculos; sempre é o mesmo. Jovem! Jovem é o amor. Madre!, somos da mesma leva...*[87]

Outras vezes, sublinhava a necessidade universal da juventude de espírito dando como exemplo a brincadeira que fazia com as mulheres do Opus Dei: *Digo-lhes, quando têm vinte e cinco anos, que depois dos vinte e cinco fazem vinte e quatro, depois vinte e três, vinte e dois... Ao chegarem aos vinte, voltam a subir, mas só até aos vinte e cinco. E assim toda a vida*[88]. E não faltavam as alusões aos cosméticos femininos, condimentadas igualmente com uma ponta de humor, quando recordava a senhoras casadas que, *quando passam os anos, é lógico que as* **fachadas,** *que já não são tão novas, precisem de remoçar-se um pouco... Não ofendeis a Deus, antes pelo contrário: entre os gastos domésticos, este, o do vosso arranjo pessoal, é um dos principais e mais importantes para a paz familiar*[89].

Eram frequentes as suas brincadeiras quando se usava a expressão *conservar-se jovem.* E lembrava o que lhe disse um rapaz de pouca idade, ao vê-lo: — *Ah, Padre, bem o diziam o papai e a mamãe!: Como o Padre está bem conservado! E respondi-lhe: Já me pusestes em conserva, meus filhos? A mim, não me pondes em conserva. Sou jovem!*[90]

Nem sempre quis ter *sete anos,* porque — nos começos do seu sacerdócio e da fundação do Opus Dei — pediu muito ao Senhor que lhe concedesse **oitenta anos de gravidade**[91], para que viessem em ajuda da seriedade com que tinha de levar a cabo a tarefa que Deus lhe pedia, apesar de ter apenas vinte e seis anos.

Essa ancianidade de compostura — reflexo de um verso dos Salmos* — ofereceu-lhe mais adiante muitas ocasiões de brincadeira, quando perguntava a alguns dos seus filhos mais novos: — *Sabes quantos anos tem o Padre?* Então, pedia-lhes a agenda ou uma folha de papel e ali, com uma espécie de taquigrafia pessoal que utilizava

---

(*) *Super senes intellexi, quia mandata tua quaesivi:* «Tornei-me mais sábio do que os anciãos porque segui os teus mandamentos» (Sl 118, 100).

com frequência para tomar as suas notas, deixava-lhes por escrito a soma abaixo; por exemplo, se o episódio ocorria em 1956:

$$
\begin{aligned}
x\ dentro &= 80 \\
x\ fora &= 54 \\
\textbf{Ipse Christus} &= 2.000 \\
\hline
&= 2.134\ anos
\end{aligned}
$$

BOM PASTOR

Quem entra pela porta [do redil] *é o pastor das ovelhas.* [...] *Ele chama-as pelo nome e as conduz à pastagem. Depois de conduzir todas as ovelhas para fora, vai adiante delas e as ovelhas seguem-no, porque conhecem a sua voz* (Jo 10, 24).

São Josemaria Escrivá tinha meditado muitas vezes essas palavras de Jesus Cristo, e encarnou-as na sua vida, como sacerdote e como Fundador e cabeça do Opus Dei. Pôs todos os seus talentos ao serviço da missão de bom pastor que Deus lhe havia confiado ao dar-lhe a vocação com que o chamou, e entre essas qualidades contavam-se, como vimos, o bom humor e um excepcional senso do humorismo. Ambas as coisas — penetradas de caridade e zelo apostólico — iam proporcionar-lhe parte das suas artes de pesca sobrenatural*.

Um zelo amargo não atrai, mas repele. *Pelo contrário, a sabedoria que vem do alto é, em primeiro lugar, pura, e além disso pacífica, indulgente, dócil, cheia de misericórdia e de bons frutos, imparcial, sem hipocrisia. Os que promovem a paz semeiam com a paz o fruto da justiça* (Tg 3, 17-18.). Não me parece que se force muito o texto sagrado se o aplicarmos também ao nosso tema, porque, se se faz acompanhar de caridade, o senso de humor serve de veículo à Sabedoria. Deixarmo-nos envolver pelo bom humor faz-nos descansar por alguns instantes da tensão exigida pela seriedade

---

(*) O verbo *pescar* goza hoje de má fama quando se emprega num contexto espiritual e religioso. Para muitos, desconhecedores da terminologia evangélica, é sinônimo de atrair com isca, prender com anzol ou arrastar sem que o peixe o queira. Não é esse o tipo de pesca a que me refiro. É, ao contrário, a pesca que Deus faz com a sua graça, respeitando como só Ele sabe fazer a liberdade da pessoa e aproveitando as boas e generosas artes dos pescadores que promove e envia. Cf. Jer 16, 16: *Enviarei muitos pescadores, diz o Senhor, e pescarão esses peixes;* e Mt 4, 19: *Segui-me e eu vos farei pescadores de homens.*

de tantos deveres e inclina-nos a acolher de boa vontade as mensagens divinas.

Mas, para que se obtenha esse favor, não basta a boa vontade, quando não intervém o engenho. Se para fazer rir se requer habitualmente um dom criador, também um bom humorista «deve ter um fundo de observação, um rico conhecimento da vida e dos homens, o poder de torná-lo ativo e de fazer com que a sua obra tenha seiva. O brotar espontâneo de uma frase com graça, franca e livre de segundas intenções, aproxima-se mais do humor que qualquer aplicação de uma técnica cômica sem inspiração e sem originalidade»[92].

Josemaria Escrivá teve esses dons. Eu repetiria — sem nenhuma reserva — que fizeram parte dos talentos que Deus lhe deu para a sua missão de Fundador. «O verdadeiro cristão, ramo da videira que é Jesus, vive com o próprio dinamismo de Cristo, contempla as suas próprias limitações e as de outras pessoas com uma espécie de indulgente ironia, e sorri. O cristão que deseja um verdadeiro desenvolvimento espiritual (isto é, quem procura a perfeição) começa por ver-se a si mesmo tal como é e ver os outros tal como são [...]. O homem que possui o dom do humor é capaz de descobrir as chagas da sociedade moderna — tanto em anciãos trêmulos como em jovens impacientes — com uma força que pode às vezes ser cortante, mas que é sempre motivada pelo amor. Essa pessoa está impregnada de um sentido de zelo que ao mesmo tempo queima e ilumina, como Jesus quando expulsa do Templo os vendilhões. O que pretende é que as pessoas abandonem as suas mesquinhezes para encontrarem em Deus a sua verdadeira alegria. O homem que possui o senso de humor está cheio de amor: um amor terno, mas com espinha dorsal; um amor humilde, mas cheio de dignidade»[93].

Com efeito, o bom humor merecedor de respeito e apreço deve ser sempre compreensivo e benigno. Onde não existe caridade não é possível um genuíno humorismo, ainda que haja muitas gargalhadas. «A bondade ri das tolices, esquece-se das misérias, desconhece as inimizades e contempla fleumaticamente os erros humanos sem perseguir a pessoa que erra»[94]. Tal foi o caso do Fundador do Opus Dei.

Pouco menos de um ano antes do seu falecimento, escreveu-se do nosso Santo:

«Como Teresa de Ávila, possui o gênio do idioma em forma inocente; isto é, o grande orador e o grande escritor que existem nele estão dissolvidos na sua missão pastoral, e — tão espontâneos como são — não se percebem senão pela eficácia apostólica com que a sua palavra penetra nas consciências. Foge de toda a teorização, a sua inteligência direta e o seu sentido pastoral afastam-no de sutilezas teóricas, em favor do aproveitamento espiritual e prático das almas»[95].

O gosto, o estilo humorístico tem a sua linguagem. Por exemplo, adotará um gesto grave, quando no fundo está brincando; ou exagerará voluntária e ostensivamente um fato, até à caricatura; ou pelo contrário, apresentará algo como insignificante, quando na realidade é coisa grave. Numa tertúlia pública, alguém falou a mons. Escrivá da sua preocupação pelo que essa pessoa julgava descuido na catequese, e aludiu a «alguns teólogos» sem nomeá-los. Mons. Escrivá — que não deixou terminar a pergunta —, depois de afirmar a necessidade de obedecer fielmente à Igreja, acrescentou: *— De modo que se alguns teólogos ... Eles dizem que o são, mas não acabo de* *acreditar!* E, depois de uma breve pausa e com ar de divertida cumplicidade, comentou como que sussurrando: — *Não o são. Não o digo secretamente, mas não são teólogos, são uns caras de pau...*[96]

Já disse alguém que o homem moderno aprecia o sorriso, mas se mostra crítico em relação à gargalhada, porque a gargalhada desarma e em certo sentido nos faz perder o controle de nós mesmos. Josemaria Escrivá — que não concordava com o adágio «a letra com sangue entra» — sabia que, pelo contrário, o amargo entra melhor com o riso, e fazia frequentemente o que outrora faziam os farmacêuticos: cobrir com uma capa de doçura e bom humor o que pudesse haver de desagradável numa correção. José Maria Pemán*, que assistiu a uma das tertúlias com mons. Escrivá em Pozoalbero em 1972, descreveu-o com o seu típico engenho: as respostas às perguntas que lhe fazem «parecem ditas de uma torre de vários andares superpostos. No térreo, a graça

---

(*) José María Pemán (1898-1981), cronista, poeta e teatrólogo, foi duas vezes presidente da Real Academia Espanhola. (N. do E.)

humana: o episódio ou o comentário que move a essa oração dos simples que é o sorriso. Em seguida, o andar central: que é a graça poética, que ressuma emoção, que sugere tanto como persuade. Mas o que o padre Escrivá exige das suas primeiras graças subalternas é que antecipem o ar de família da última, que espera lá no terraço, e que é a Graça de Deus. Esta ajudará o ouvinte a reduzir a frondosa e graciosa palavra de monsenhor à taquigrafia intelectual e escatológica que traz no seu bojo»[97].

De um modo ou de outro, a utilidade pastoral do seu humorismo não passava despercebida aos próprios beneficiários. Ao término de outra das suas reuniões, em Portugal, um dos assistentes comentou: — «Não é só o bom humor; é preciso ver as coisas que o Padre diz! Enquanto fala, rimos com toda a alma... e com todo o corpo. E, entre risos e risos, engole-se cada pílula!... Mas com que gosto se engole!»

Assim aconteceu quando alguém lhe perguntou publicamente sobre a modéstia no vestir feminino, um tema que é com frequência uma boa pedra de toque para verificar a misoginia, o laxismo ou a prudência pastoral: ***Amo muito todas as*** *almas e essas criaturas especialmente, porque são boas — com certeza que são boas —, mas além disso são um pouco simplórias[98]. Parecem a vitrine de um açougue... Dá-me pena, porque penso que as mulheres têm muito atrativo sem necessidade de exibições desse gênero. Querem pescar marido, e o que pescam é um resfriado monumental[99].*

Voltava à carga, igualmente a cavalo do bom humor, numa conversa com um grupo de casais, entre os quais havia alguns empresários têxteis e de confecção. Além de comentar-lhes, com uma piscadela marota e divertida, que a modéstia feminina os ajudaria até a fazer melhores negócios, porque se comprariam mais metros de pano, disse: *A vós, que tendes ideias maravilhosas, como não vos ocorre, juntando-vos uns quantos, fazer que as mulheres se apresentem bonitas, elegantes, atraentes, simpáticas ... e que além disso andem decentes? Porque hoje em dia isto é terrível. Contava ontem um sacerdote, meu filho: — «Era uma família modesta, com nove filhas feias e deserdadas..., e casaram-se as nove!» E dizia-me: — «Padre, o milagre do século!» O caso é que aquelas moças não*

mostravam *nada... Eu penso que o segredo foi esse*[100].

O que relato a seguir passou-se numa tertúlia na Venezuela, mas coisa semelhante havia ocorrido também no Peru e em bastantes outros lugares:

— «Padre, o senhor falou-nos de realizarmos um apostolado através do trabalho profissional» — **Sim**. — «Sou dentista, Padre, e trabalho...» — *Ui! Que sorte a tua! Tens* [os pacientes] *com a boca aberta e sem poderem falar. Aproveita! Continua, continua com a tua pergunta...* — «O melhor disso, Padre, é que são muitas pessoas ao longo do dia». — *Aproveita, então, com essas muitas pessoas ao longo do dia. Reza ao Anjo da Guarda de cada uma e ao teu. Faz-te amigo do teu Anjo da Guarda, e mete não só a tenaz na boca dos teus clientes: mete-lhes no coração os teus ideais cristãos: podes, deves! Toca na conversa os temas de que se fale no ambiente e dá-lhes uma solução cristã, verdadeira, boa. Verás como o Senhor te premiará depois, e mesmo na terra, com tanta bênção.* — «Obrigado, Padre». — *Quem me dera fazer abrir a boca a uma pessoa* — terminou o Padre, rindo —

e poder dizer-lhe tudo, com tanto carinho, com tanta verdade, com tanta força... e, além disso, com tanta tenaz![101]

O senso de humor era também o cautério amável para purificar os excessos do amor materno. É sabido que, mesmo nas famílias cristãs, a vocação de um filho ou de uma filha para o serviço de Deus supõe às vezes um pequeno terremoto, porque essa chamada — e a livre e amadurecida aceitação da pessoa interessada — lança por terra *a novela,* como a chamava o Santo, que a imaginação de todos os pais ou mães teceram sobre os seus filhos: ainda antes de o bebê ter vindo ao mundo, *ele queria que, se fosse menino, tivesse a mesma profissão que ele. Depois dizia: não, não, porque talvez, como já tenho um nome feito, isso o incomode. Ela dizia: iremos casá-lo com a filha de fulaninha... Enfim, uma novela. Antes de nascer, tinham-lhe feito a biografia.* Quando chega a vocação, é preciso saber queimar sonhos, com a certeza de que *a fumaça daquela novela é incenso diante de Deus*[102].

Muitas outras vezes, a vocação do filho é motivo de agradecimento ao Senhor, e uma dessas mães — com duas filhas no

Opus Dei — perguntou a mons. Escrivá como manifestar a sua gratidão. De igual modo, o humorismo ajudou: — *Podes agradecer estando muito contente, muito contente, e sabendo que não as perdeste: ganhaste-as. Há duas pessoas menos que te chamarão sogra*[103].

Conta o pe. Guy Leonardon que, em junho de 1971, o Fundador do Opus Dei recebeu, em Roma, a visita de um médico argentino, membro do Opus Dei. Nesse dia, mons. Escrivá estava muito cansado e, antes de ir ter com a visita, ouviram-no dizer em voz alta: — *Senhor, ofereço-te a mortificação de sorrir por este filho que vem visitar-me*[104]. Ao vê-lo sorridente, uma das coisas que essa pessoa lhe expôs foi: — Não sabe, Padre, até que ponto, durante todos estes anos em que não o vi, a lembrança do seu sorriso e do seu bom humor foram para mim um consolo espiritual —. Naquele mesmo dia, em conversa com um pequeno grupo dos seus filhos, referindo-se aos sofrimentos que lhe vinha causando a situação na Igreja, mons. Escrivá tinha comentado: — *Roubaram-me o sorriso*. E o pe. Leonardon manifestou a sua perplexidade diante do que lhe parecia contraditório: por um lado, essa — ausência — de sorriso, e, por outro, o que o visitante lhe tinha comentado naquela mesma manhã.

Alguns anos mais tarde, perguntaram--lhe no Brasil o que era preciso fazer na vida interior, se o entusiasmo se apaga. — *Achas que o entusiasmo espiritual é uma espécie de gasolina, que o Senhor te dá alguns litros e basta?* Quando cessaram os risos, continuou: — *Eu não faço as coisas por entusiasmo. Estou no quinquagésimo ano do meu sacerdócio e no quadragésimo sétimo da minha vocação para o Opus Dei, e trabalhei sempre a contragosto [...]. Vez por outra, o Senhor também me cumula de alegria, como neste momento. Olho-vos e sou feliz [...]. Mas não penses que as coisas se fazem por entusiasmo. Fazem-se porque é preciso fazê-las*[105].

Repetia às vezes, fazendo-nos rir, uns versos escritos por alguém que — precisava — não sabia teologia nem gramática, e que diziam assim: *Neste mundo inimigo,/ não há ninguém de quem se fiar;/ cada qual cuide de sigo,/ eu de migo, tu de tigo,/ e procure se salvar*. Depois de pregar um retiro a um grupo de sacerdotes diocesanos em Genzano, perto de Roma, contei-lhe que tinha usado o tal verso numa das meditações. Divertiu-se muito e perguntou-me, verdadeiramente interessado: — *Perceberam a contradição que é querer salvar-se sem se preocupar pelos outros?*

Um rapaz jovem pediu-lhe em público um conselho para ajudar um amigo seu, e, ao introduzir a pergunta, disse: «Tem uma moto e está muito apegado a ela. Todos os fins de semana sai para fazer *motocross...* O senhor sabe o que é?», acrescentou, com uma certa condescendência. O Padre sorriu: — *Sim, conheço todas as idiotices humanas. Continua!*[106]

Quantas gargalhadas não provocou com as suas lembranças e os seus episódios! Repitamo-lo: o seu contagioso senso de humor foi frequentemente o instrumento com que aproximou de Deus milhares de almas — um dos seus *anzóis de pescador* —, especialmente quando as circunstâncias pessoais deste ou daquele podiam levá-lo a quase afogar-se em mares ou em pequenos charcos de tragédia.

Bergson, na sua clássica obra sobre o tema[107], fez notar que o riso é incompatível com a emoção, de tal modo que um acontecimento, uma frase, uma pessoa nos parecem engraçados e cômicos na medida em que, ao menos por um momento, conseguimos acalmar a nossa sensibilidade. Talvez esteja aí a razão pela qual o humorismo é um esplêndido antídoto contra os melodramas, inventados pela emotividade: quando estou irritado, não acho graça numa piada, mas, se alguém consegue fazer-me rir com uma piada, dissolve-me a irritação. — «Padre, que se pode fazer quando o marido não compreende a vocação da esposa?», perguntou-lhe certa vez uma senhora. E a sua resposta desfez qualquer tensão: — *Em primeiro lugar, não aborrecê-lo. Depois, amá-lo muito. Se podes amá-lo mais e melhor, ama-o mais e melhor. [...] E não lhe fales da Obra. Vai ficar com ciúmes!*, concluiu entre as gargalhadas dos presentes[108].

Coisa semelhante se passou nas suas viagens a alguns países da América Central e do Sul, quando se faziam obrigatórias as referências ao trópico. Umas vezes, era a alusão brincalhona à *pouca vontade de trabalhar que, com este calor tropical, se explica um pouco...* — os risos interrompiam o Padre —,... *se desculpa um pouco, mas não de todo!*[109] Outras vezes, era uma advertência animosa para que ninguém **se deixasse achatar:** — *O trópico... é um tópico* [chavão]. *Boa desculpa! Não senhor! A graça de Deus é proporcional ao trópico. É abundante. Não afrouxeis!, que tendes a tendência de afrouxar. O que é isso? É preciso vencer o trópico!*[110]

Durante a sua primeira estada na Venezuela, em 1974, teve que ir até à salinha de visitas da casa de retiros em que se hospedava naqueles dias. Ao passar por ali, reparou numa antiga caixa-forte que, um pouco deteriorada pela passagem do tempo, mas cumprindo a sua missão como objeto decorativo, estava junto à porta de entrada. Perguntou, brincando: — *Que tesouro guardais aí?* O Conselheiro da Região, que pensava que estivesse vazia, como sempre, abriu-a muito decidido. E veio a surpresa: dentro da caixa-forte apareceu... um urinol. Bem limpo e novo, mas não havia dúvida: tratava-se indubitavelmente desse utensílio. Ao fazer a última revisão daquela parte da casa antes da chegada do Fundador, alguém tinha posto provisoriamente esse objeto na caixa-forte, e depois esquecera-o. Só meia dúzia de pessoas soube do que se passara.

Mas, no dia seguinte, o episódio serviu para abrir a conversa da tertúlia com um grupo de rapazes jovens: *Pode-se falar de tudo; pode-se falar limpamente das coisas menos limpas, que contudo não são más nem indecorosas, mas da vida corrente. Pelo menos, neste caso, trata-se de um pote que, onde há crianças ou velhos ou doentes, não se deixa de empregar todos os dias... Ontem veio visitar-me uma pessoa muito conhecida do mundo eclesiástico de Caracas e eu a recebi aí, numa salinha. Quando esse senhor se retirou — foi uma conversa muito agradável —, o Conselheiro abriu essa caixa-forte que foi a felicidade de algum avaro há dois séculos. E sabeis o que havia na caixa-forte, limpo, brilhante, como se nunca o tivessem usado? Um artefato que tem uma só asa e que é desse material... de porcelana, não de cerâmica. Mas não porcelana-porcelana; senão, pensaríeis que se tratava de um instrumento oriental. A coisa mais vulgar do mundo! O Conselheiro morreu de tanto rir, de orelha a orelha. E eu também ri bastante. Foi uma boa lição. São Paulo diz que existem vasos de eleição e vasos de ignomínia... Pois este era um vaso de ignomínia tão limpo que era um vaso de eleição*[111].

O seu sentido do humorismo — com um pouquinho de ironia carinhosa diante de falsos enfoques — ajudou também muita gente a dispor-se a receber a chamada de Deus. Algumas vezes — especialmente quando no jovem auditório se viam fartas barbas —, a brincadeira tinha um fundo de tecnologia: — «Padre, quais os sintomas da vocação para a Obra?» — *Meu filho, não disponho de nenhum aparelho eletrônico para colocar-te na barba e saber se tens ou não vocação*[112]. Outras vezes, era uma referência à história de Tobias, filho, a quem nas suas tertúlias com gente jovem costumava chamar *Tobias junior*, entre a hilariedade dos rapazes.

Havia ocasiões em que dava uma resposta caricaturesca: — «Padre, como poderemos ter a certeza de que a nossa vocação é esta ou aquela?» — *Este é um homem seguro! Dos que não fazem negócios...* As risadas foram um pouco escandalosas, porque alguns sabiam que o perguntador estava a ponto de terminar os seus estudos de administração de empresas; — *... porque, para fazer um negócio, não é preciso* *esperar até ter certeza. Caso contrário, ninguém se lançaria a nada. Eu não me mexeria daqui. Estaria aqui, porque para andar tenho de levantar um pé, e posso cair ... Que queres? Que desça do céu um Arcanjo, e arranque uma pena da asa, e te escreva uma ata notarial?* Os risos mudaram de tom. Alguns deixavam transparecer agora um certo nervosismo. — *Da parte de Deus Onipotente ... Tu és um tranquilo! Um comodista, um comodista! Os anjos não têm asas — são espíritos puros —, nem têm penas, nem o Senhor age dessa maneira. Atua com essas inspirações internas, que começam por tirar-nos um pouco a comodidade e a tranquilidade*[113].

Não é possível refletir por escrito o perfil irrepetível da sua alegria — os seus gestos rápidos, as suas mudanças inesperadas no tom das palavras, que arrancavam uma risada quando, poucos segundos antes, mal se podia conter a emoção. Ao escutar mons. Escrivá, as pessoas sentiam-se às vezes como que balançar de um lado para o outro: do riso às lágrimas; da emoção que fazia apertar as mandíbulas ou puxar do lenço à gargalhada estrondosa.

Um exemplo é a sua catequese em temas de crises familiares. Repetia que, *quando não existe paz numa família, é porque a mulher não manda*[114]. E dirigindo-se às mães, acrescentava: ***Gosto de dizer que, numa família, a mãe é o ministro do interior e das finanças, mas deveis deixar ao pai a pasta das relações exteriores, e não contradizê-lo nunca diante dos filhos***[115]. Ou aconselhava, brincando, que *as mulheres precisam* **não fiar-se** *nos maridos: sabeis muito bem. Existe um refrão castelhano que o diz muito claramente:* **A mulher bem-posta tira o homem de outra porta.** *De maneira que cuidai de pôr-vos bonitas, arrumai-vos um pouquinho*[116]. Ou, com grande ironia e maior carinho, atribuía a culpa das dificuldades conjugais à esposa: ***Sois vós que tendes a culpa quando as coisas não correm bem! Eles são umas crianças pequenas. O filho mais pequeno que tendes, todas vós, é o vosso marido... Mas, claro, como o tratais como um homem...! Muito mal! Tratai-o com afeto, compreendei-o, desculpai-o, perdoai-o: mimai-o! E sereis mimadas e desculpadas e compreendidas***[117].

Uma boa gargalhada foi a que arrancou, dos assistentes de uma tertúlia numerosa, a resposta que deu quando alguém se identificou como um fabricante de parafusos e lhe contou que, além desse trabalho, tinha promovido uma rede de livrarias para evitar o mal que fazem as publicações imorais: — *Continua a fabricar parafusos, que se vê que fazem falta em quase todas as cabeças. Com os teus parafusos, e a tua oração e o teu trabalho — não deixes o trabalho —, mete outros nisso mesmo*[118].

Até a seriedade do arrependimento pelos nossos pecados encontrava na sua pregação um tom jocoso, mas sacerdotal: *Como é boa a contrição! Os italianos dizem das xícaras de café que é preciso tomar não menos de três nem mais de trinta e três. Outros que, quantas mais, melhor. Pois isso mesmo com os atos de contrição*[119].

O mundo tende a repetir-se, e há poucas possibilidades de encontrar ideias totalmente originais e novas, tanto no bem como no mal, como acontece com a pretensão de alguns pais contemporâneos de não batizar o filho, para que assim — dizem —

possa escolher livremente a sua religião. Há quase um século, Chesterton escreveu: «Uma jovem mãe disse-me: "Não vou ensinar ao meu filho nenhuma religião, porque não quero influir nele. Desejo que ele mesmo escolha, quando for crescido". Eis um exemplo bem comum de um argumento que se repete muitas vezes, mas que nunca se leva realmente à prática. Porque uma mãe sempre influi no seu filho. Da mesma forma, poderia ter dito: "Espero que possa escolher por si mesmo os seus amigos quando crescer; portanto, não o apresentarei a nenhum dos seus tios ou tias". Os adultos não podem escapar de influir no filho de algum modo. Nem sequer quando assumem a responsabilidade de não influir nele. A mãe pode criar o filho sem escolher para ele nenhuma religião; mas não pode fazê-lo sem escolher para ele um ambiente. Se decide deixar de fora o elemento religioso, escolheu esse ambiente. Por desgraça, trata-se de um ambiente diabolicamente funesto e antinatural»[120].

Também chegaram a levantar essa questão a mons. Escrivá, com uma ligeira variante: — «Padre, um amigo meu diz que, antes de nos ensinarem a viver como verdadeiros católicos, deveriam ensinar-nos outras religiões, até que cada um encontre a que acredite ser a verdadeira». A resposta rapidíssima, mistura concisa de humorismo e de indignação diante de tamanha insensatez, provocou uma algazarra de risos no auditório: — *Sim, sim, isso mesmo! A esse, antes de a mãe lhe ter dado de mamar, deveriam ter-lhe dado alfafa, cevada, palha..., para que escolhesse*[121].

A fé que essa resposta manifesta nada tinha de fanático. Nas não raras ocasiões em que se encontrou com pessoas não católicas, manifestou com carinho o seu afeto e a sua determinação de defender a liberdade das consciências. Assim o fez, no Brasil, quando o marido — católico — de uma senhora metodista lhe pediu que dirigisse umas palavras à sua esposa, que o ajudava a educar os filhos como católicos:

— *Minha filha! Digo-te o seguinte: que tens um marido esplêndido, e que te quero muito no Senhor. Quero a todas as almas. Mas a uma mãe que dá liberdade aos filhos, e que além disso cuida de que se eduquem nesta fé maravilhosa, que vê com alegria que se aproximem do Santo*

*Sacramento da Eucaristia, a uma mãe
assim, eu já a admiro [...]. Amanhã, na
Missa, vou lembrar-me muito de ti. Ali
não sou eu. Tu não tens por que acreditar, por agora; mas pedirei ao Senhor
que te dê a minha fé, porque — não te
zangues — a tua não é a verdadeira. Eu
daria a minha vida cem vezes para defender a liberdade da tua consciência;
de modo que seríamos muito amigos, se
eu vivesse aqui. Mas, claro, eu creio que
tenho a verdadeira fé; senão* — concluiu,
referindo-se à sua batina —, *não vestiria
esta capa* de guarda-chuva[122].

As pessoas riam-se, enternecidas, olhando para a interessada, que chorava de emoção pelo carinho dessas palavras.

BURROS, PATOS E OUTROS SEMOVENTES

Entre os animais que aparecem na Bíblia, o asno, se não é o mais citado, também não fica atrás no número de menções: o seu nome aparece pelo menos cinquenta e quatro vezes nas páginas inspiradas. Uma dessas referências, que já desde os primeiros anos do seu sacerdócio ficou gravada na alma do Fundador do Opus Dei, encontra-se no Salmo 72, 23: *Ut iumentum factus sum apud te, et ego semper tecum*, «fiz-me como um jumento diante de ti, e estou sempre contigo». Esse versículo, que no seu sentido literal imediato é um ato de humilhação do Salmista, que se equipara a um animal, adquiriu matizes inéditos na interpretação que o Santo lhe deu, com as suas palavras e a sua vida. **Sou como um burrico diante de ti, Senhor**, afirmava, e agora essa imagem não implicava apenas humildade, mas também a alegria de servir a Deus como um fiel instrumento, a alegria de considerar que *um burrico foi o trono de glória de Jesus em Jerusalém*.

Não é de estranhar, pois, que também o versículo seguinte do mesmo Salmo — *tenuisti manum dexteram meam*, «tomaste-me pela mão direita»... — encontrasse a sua tradução livre: *pegaste-me pelo cabresto, e fizeste-me cumprir a tua vontade, e no céu dar-me-ás um grande abraço de amor*[123]. Já desde 1931, pelo menos, dizia de si mesmo que era **ut iumentum**, como um burrico, e até qualificava o animal com um adjetivo ainda mais abjeto: *burrinho sarnento*, binômio que aparece com frequência nos seus escritos abreviado e disfarçado com as letras *b.s.* Convém dizer que, como não era amigo de coisas extravagantes, só empregava essa expressão na sua oração pessoal, nas anotações dos seus cadernos espirituais e nas notas de consciência que redigia para o seu confessor[124].

Essas referências, porém, ainda que humilhantes em si mesmas, nele não eram trágicas, mas — como de costume — manifestavam uma vez mais o seu refrescante sentido do humor. É o que se observa nesta anotação autobiográfica de 1931: ***Conheço um burrico de tão má condição que, se tivesse estado em Belém junto do boi, ao invés de adorar, submisso, o Criador, teria comido a palha do presépio...***[125]

Durante toda a sua vida, a história do burrico iria proporcionar-lhe ocasiões de introduzir na conversa temas bem profundos, envolvidos numa alusão divertida e brincalhona. Assim fez, por exemplo, lembrando-se do seu trabalho sacerdotal intenso e sempre a correr, por causa das distâncias: queria ***sacerdotes [...] abrasados no Amor, no carinho, que nunca dizem basta ao trabalho; e que vão no cavalo de hoje, a*** **utilitaria** — o modesto carro de trabalho, em italiano —, ***como Nosso Senhor tinha aquela*** **utilitaria** ***que era o seu burriquinho***[126].

Joaquín Mestre escreveu: «Certo dia, permiti-me pedir-lhe um retrato, para meu consolo e estímulo; e ele respondeu-me imediatamente: ***— Claro, homem, claro; com muito gosto. Dou-to agora mesmo***. Entrou num quarto contíguo, trouxe uma pequena reprodução de um asno, forjada em ferro tosco, e entregou-ma dizendo: — **Toma; aqui tens um retrato meu**. E eu fiquei olhando-o boquiaberto e sem dizer palavra, enquanto ele me tirava do embaraço: — **Sim, homem, isso sou eu: um burriquinho. Oxalá seja sempre um burriquinho de Deus, seu instrumento de carga e de paz**»[127].

Certa vez, em Roma, aconteceu alguma coisa que o levou a ter uma reação enérgica. Depois, como que para atenuar o episódio, brincou e — dirigindo-se a um dos presentes — disse, referindo-se a si mesmo: — **Como o teu Padre é burro! ... Tenho dois bons certificados, que não digo porque não vêm ao caso**. Não os identificou então, mas tenho a clara impressão de que se referia a dois episódios pessoais, com caráter sobrenatural extraordinário*.

(*) Em setembro de 1931, numa época em que o anticlericalismo era muito forte na Espanha, mons. Escrivá foi atacado na rua por um indivíduo desconhecido. Outra pessoa, porém, atracou-se com o atacante e pô-lo em fuga; a seguir, o defensor sorriu-lhe e disse-lhe apenas: «Burrico sarnento». E desvaneceu-se na multidão. O Padre ficou estupefato, porque, como se acaba de dizer, só ele e o confessor sabiam desse epíteto. Pouco tempo depois, ao dizer a Cristo: *Senhor, eis o teu burrico,* teve uma loquela divina: «Um burrico foi

114

Fez uma pausa e continuou a falar do burrico: — *Não pretende ter a beleza, nem a arrogância, nem a esbelteza do cavalo, nem — como diria eu? — o mundanismo do cavalo*.

Até o fim da vida, identificou-se com a figura do jumento, unindo nesse gesto a humildade e um genial sentido de humor. Demonstrou-o uma vez mais quando o presentearam com uma velha estatueta de Santo Antão, padroeiro dos animais; escreveu na peanha: **Ora pro me!**

E voltou a evidenciá-lo, em maio de 1975, um mês antes da sua morte, quando esteve pela última vez em Torreciudad, Espanha, o santuário mariano que promoveu com tanto carinho. Ao passar perto do relevo de um burro, aproximou-se para beijá-lo e — ao fazê-lo — saudou-o: — *Olá, irmão!*[128]

---

o meu trono em Jerusalém». Em dúvida sobre se Cristo teria montado um burrico ou uma asna, foi em busca das passagens correspondentes do Evangelho, que lhe confirmaram que se tratava de um burrico jovem. Cf. F. Gondrand, *Au pas de Dieu, Josemaría Escrivá de Balaguer, fondateur de l'Opus Dei*, Editions France-Empire, Paris, 1982, pp. 78-79. (N. do E.)

Na sua segunda viagem à Venezuela, reuniu-se com um grupo de filhos seus num recanto do jardim de Altoclaro, a casa de retiros onde morou então. Acontece que uma cerrada esquadrilha de moscas tinha também decidido congregar-se nesse mesmo lugar. Enquanto dizia alguma piada sobre esses insetos, uma mosca especialmente pegajosa começou a incomodá-lo. Foi este o seu comentário: — **Ut iumentum!** *As moscas sempre vão aos burros!*[129]

O burrico foi igualmente protagonista de episódios divertidos, que contava para ilustrar pontos dos seus ensinamentos. Para referir-se à formação que o Opus Dei dá aos seus sacerdotes, disse numa tertúlia na Argentina: — *Os sacerdotes da Obra têm que ser cientificamente os melhores; sem soberba, mas os melhores. E por isso, vamos a passo medido. Lembro-me de que uma vez, num Cabido, num desses velhos Cabidos da Europa, Cabidos de Catedrais, não cabidos municipais, todos murmuravam de um cônego que eu estimava muito — já morreu — e que tinha sido nomeado bispo. Mas as bulas não chegavam... Passou um ano, e os outros cônegos troçavam dele porque não o sagravam. E ele dizia: — Para que nasça um frango, é preciso esperar vinte e um dias; para que venha à luz um ser humano, nove meses; para que um burriquinho ponha as quatro patas na terra, treze. Um bispo tem que ser mais que um burro!*[130]

Uma menina — que, ao que parece, estava acostumada a ver em casa muitos objetos que representavam jumentos e patos — quis saber um dia a razão da sua predileção por esses animais, e, sem papas na língua, perguntou-lhe: — «Padre, por que gosta tanto dos patinhos e dos burrinhos? Porque a minha casa está cheia deles...!» Quando os risos dos circunstantes se apagaram, o Padre respondeu: — *Gosto muito dos patinhos porque são jogados à água e eles nadam*. — «E os burrinhos?» — *Dos burrinhos, porque têm cara de catedráticos*[131].

A imagem do *burro catedrático* não era inspiração do momento, porque essa frase aflorou frequentemente aos seus lábios. Este ponto talvez exija uma digressão. Se as coisas ou os animais nos parecem cômicos, é por referência às pessoas, e basta ter gasto uns minutos em contemplar de perto a cabeça de um jumento para sorrir diante da comparação: a seriedade, a impenetrabilidade e a impassibilidade do animal são facilmente *humanizáveis* e não será difícil que nos tragam à memória algum rosto igualmente severo dos nossos anos de Faculdade.

Mas o **burro** não era *catedrático* só por isso. Na verdade, mons. Escrivá sabia extrair lições do burro e transmiti-las aos outros. *Um burrico foi o trono de Jesus em Jerusalém. Mas ... um trono tão modesto? Não olhastes bem um burro! [...] É maravilhoso!*[132] *Sinto muito carinho pelos burricos e gosto de que, pelo menos, considereis que são como um carrinho de carne e osso que exige muito pouco. Um burro precisa de pouca* gasolina, *de um pouquinho de palha. Conforma-se com qualquer trabalho. Tem os ossos duros, a pele forte, umas orelhas esplêndidas que parecem antenas de televisão. E cara de catedrático, todos eles. Os catedráticos não se zangam quando o digo, antes pelo contrário: porque os burros são muito inteligentes; e muito pacientes*[133]. *No máximo, no máximo, de vez em quando põem-se de patas para cima ... Pode-se* *perdoá-los por isso, porque não contam com outro modo de limpar-se*[134].

Certa vez, o pe. Álvaro dei Portillo, que viria a ser Bispo e o primeiro Prelado do Opus Dei, estava doente e de cama, e o Padre fazia-lhe um pouco de companhia. A conversa era amável e descontraída, e a certa altura centrou-se no burrico e na simpatia que o Fundador tinha pelo animal. O pe. Álvaro, provavelmente para proveito de quem escreve estas linhas, que também estava presente, perguntou-lhe: — «Padre, se gosta tanto do burrico, por que não gosta do mulo, que é mais forte e também sóbrio?» A resposta, que surgiu instantânea, merece ser meditada, uma vez que acabem os risos: — *Não gosto do mulo porque é um burrico que não resistiu à tentação de ser cavalo*.

Se se considerava um burrico e não gostava tanto do cavalo, também sabia que o *animalis homo* a que se refere São Paulo (1 Cor 2, 14) está sempre à espreita. Diríamos até que às vezes mons. Escrivá via o rocinante dentro do burrico. Pelo menos, é a impressão com que ficamos se nos lembramos da humorística explicação que deu quando alguém — que o ajudava a preparar a mala para uma das suas viagens — o viu guardar nela um chicote de couro: era *para domar o potro*[135] isto é — agora sem brincadeira —, era o substituto enérgico e viril de uma disciplina normal, esse instrumento de penitência cristã.

O pato era outro dos seus animais preferidos, e de vez em quando recorria a ele para animar os que o ouviam a ser audazes e generosos: — *Digo-vos: patos à água!, o que tem um sentido sobrenatural muito grande. Basta lançá-los quando são pequeninos, e eles nadam sozinhos. Nas obras de Deus, nos apostolados, nesse trabalho divino de fazer bem aos outros — santificando-nos nós —, não podemos dizer nunca: é que não sei nadar. Lança-te à água e verás como nadas, e está feito! Podemos tudo nAquele que nos confortará, diz São Paulo:* **Omnia possum in eo qui me confortat!** *De modo que ... patos à água! Para a frente, toca a nadar, a trabalhar por Deus!*[136]

Conservam-se provavelmente pelo mundo, desenhados pelo Fundador do Opus

Dei, centenas de patos e patas estilizados até à mínima expressão. Dois traços em forma circular eram a cabeça e o corpo; outros dois círculos menores eram os dedos espalmados; três linhas retas completavam o pescoço e as duas patas; e outro traço mais fazia o bico: se estava fechado, normalmente era um pato; se estava aberto, geralmente tratava-se de uma pata, pois por alguma razão as mulheres costumam ter fama de ser mais loquazes que os homens.

Às vezes, o pato do desenho personificava alguma mensagem adicional, como certa vez em que, bem luzidio, ostentava uma risca anômala e retorcida, que saía da cabeça. Quando alguém lhe perguntou pelo significado, respondeu, fazendo pensar o perguntador: — *Este? Este é o pato com radar!* E sempre a pata era mensageira de bom humor, como naquela reunião com estudantes universitários, na qual reparou no gesso que tinha um deles: — *Que te acontece na mão?* — «É que me deram uma *patá* [patada]», respondeu o acidentado. —

Uma **patá!**, repetiu o Padre, imitando o metaplasmo. — **Pois já que é uma patá, vou-te pintar uma pata: vamos ver como sai. Se te dói, avisa-me. Desenho-a faladora: com o bico aberto**[137].

Existe uma ave, no entanto, que sofreu as consequências do zelo pastoral do Santo, até converter-se numa espécie extinta. Se não se tratasse de uma metáfora divertida, os ecologistas teriam razão em não ser amigos de Josemaria Escrivá que, em mais de uma oportunidade e em público, não teve reparo em declarar: **Eu matei todas as cegonhas.** Com essa frase, referia-se ao dever dos pais de dar aos filhos a adequada informação e a correspondente formação a respeito das origens da vida e da sexualidade. **Não lhes mintais [...]. Dizei-lhes que Deus se serviu de vós para que eles viessem à terra, que são o fruto do vosso amor, da vossa entrega, dos vossos sacrifícios...**[138]

Por isso não se referiu à cegonha quando brincou no Brasil com um rapaz que — incrível exceção! — não sabia tocar o violão: **Mas que estranho! Se hoje em dia a primeira coisa que vem ao mundo é o violão, e só depois o bebê!**[139]

É óbvio que o sentido do humorismo está estreitamente ligado à cultura. Rir tem sentido no meio em que se vive: daí que seja difícil fazer humor ou apreciar o cômico numa coletividade da qual se ignoram a língua e os costumes[140]. O que faz sorrir um inglês talvez deixe indiferente um chinês; e o humor negro de um mediterrâneo horrorizará provavelmente algum sueco. Não era de admirar, pois, que o sentido do humorismo de Josemaria Escrivá — que era espanhol de nascimento e cultura* — estivesse também unido a algo tão hispânico como o

---

(*) Embora o Fundador fosse espanhol e o Opus Dei tenha nascido em Madri, a instituição por ele fundada — como a Igreja da qual faz parte — é católica de fato e de direito. Seria bem simplório deduzir dessas circunstâncias topográficas que a Prelazia do Opus Dei é espanhola ou tem caráter hispânico: se fosse obrigatório ou mesmo legítimo pensar nesses termos, o cristianismo seria uma instituição palestina, a Companhia de Jesus seria basca, e o escapulário de Nossa Senhora do Carmo uma devoção inglesa.

touro. Não sem motivo a silhueta geográfica da Península Ibérica é conhecida como *a pele de touro*.

Quando esteve em Pozoalbero no outono de 1972, mons. Escrivá recebeu a visita de Antonio Bienvenida, o famosíssimo toureiro (já falecido), acompanhado de sua esposa. Bienvenida, que era membro do Opus Dei, queria oferecer ao Fundador uma lembrança pessoal e escolheu uma fotografia — talvez uma das melhores que lhe tiraram — na qual aparecia dando um passe excepcional. Escreveu na base uma dedicatória, emoldurou-a em Sevilha de um modo adequado e apresentou-se em Pozoalbero com a lembrança. Durante o almoço, contou diversos episódios. O Padre ria-se ao ouvi-los, e aproveitava a ocasião para intercalar comentários de alcance espiritual e formativo. Houve um momento em que o toureiro explicou o que, na gíria taurina, se chama tourear *con temple* [com têmpera, com «garra»], isto é, com o esforço por dar o passe o mais devagar possível, como que para perpetuar o momento da arte. O Santo comentou que era um sentimento muito bonito e que não deixaria de aproveitar a ideia quando tivesse que falar do relacionamento com Deus, da liturgia, da Santa Missa, em que também é preciso fazer as coisas *con temple,* saboreando-as e sem pressas.

E assim foi. Nesse mesmo dia, numa tertúlia com centenas de pessoas, disse: — *Certa vez, não vos direi quando, ouvi a um filho meu a quem quero muito — é um toureiro estupendo — que, quando está com a capa e vem o touro — um touro leal, vistoso, que até lhe dá pena ter de matar: ele ao touro, claro —, recreia-se na «suerte»* [no passe] *e move a capa devagar...* E aqui o Padre imitou uma verónica [um dos passes na lide com o touro] que fez as delícias de mais de um espectador. — *Pois sim: recrear-se, recrear-se no passe, como um artista, com amor! É isso que se deve fazer também com Deus Nosso Senhor*[141]. Entre parênteses, um bom apreciador de touros, ao ver a plástica imitação desse passe, disse ao filho como se chamava o toureiro a quem o Padre se referia. — «Como sabes?» perguntou o rapaz. — «Porque essa forma de avançar a perna esquerda não pode ser de outro».

— *Não se podem ver os touros de trás da barreira*, dizia também, para animar à generosidade apostólica no serviço à Igreja. — *Espero saltar o Purgatório à toureira*, repetia outras vezes, num pitoresco modo de expressar a urgência com que desejava ver a face de Deus. Compôs igualmente várias dedicatórias brincalhonas e familiares para o seu primeiro sucessor, D. Álvaro del Portillo, ao longo dos quarenta anos que este passou ao lado do Fundador. *Para o meu filho Álvaro que, para servir a Deus, teve que tourear tantos touros. Roma, Dia da Natividade de Nossa Senhora, 1949, Mariano**, escreveu

---

(*) Os nomes que mons. Escrivá recebeu no Batismo foram José, Maria — mais tarde fundiu estes dois no de Josemaria —, Julián e Mariano. Na correspondência familiar dentro do Opus Dei, o nome que utilizou mais frequentemente foi o de Mariano, por devoção à Santíssima Virgem.

num exemplar de *Caminho*. E, por volta de 1950, anotou num envelope que continha várias reproduções de Goya sobre temas taurinos: ***Álvaro: para que aprendas a tourear com garbo***[142].

E continuemos com os touros. Desta vez, é algo engraçado que contaram ao Fundador do Opus Dei e que ele repetiu para fazer participar outras pessoas do acontecido. O senso do humor não tem só uma direção centrífuga — fazer sorrir —, mas é também necessariamente centrípeto: deixar-se afetar pelo que tem graça. Embora frequentemente, como neste caso, as duas direções convivam em boa harmonia. Contou no Brasil que — antes de sair para lá —, nos dias em que fez escala na Espanha, recebera um casal que esperava o nono filho. A mãe, num divertido tom de ironia, comentara-lhe o modo como o marido a vinha tratando: ***Quando esperava o primeiro filho, o meu marido trazia-me entre algodões. E agora ... — a pobrezinha estava para dar à luz de um momento para o outro —, ontem levou-me a uma*** *tourada! A criança sairá com chifres!* As pessoas riram com gosto. Porém, o riso não era o fim, mas o meio, como quase sempre: *E é que acontece que vos acostumais. Mas sabeis que a maternidade é uma coisa santa, e alegre, e boa, e nobre, e bendita, e amada. Mães, parabéns!*[143]

De maneira esporádica, outros animais deram ocasião ao Santo para manifestar o seu sentido de humor. Por exemplo, quando, fingindo seriedade, negava que os cachorros fossem amigos do homem: *A mim, quando pequeno, morderam-me duas vezes, e garanto-vos que não lhes tinha feito nada ... Um cavalo bonito encanta-me, como um pássaro ou uma flor; um cachorro também. Mas não sou dos que acreditam que o cachorro seja o melhor amigo do homem*[144]

Em outra ocasião, divertiram-no muito umas araras que havia no jardim do centro do Opus Dei onde ficou alojado durante a sua estada em São Paulo. Da janela do seu quarto podia ver uma delas, pegando com a pata uma banana ou um pedaço de pão e dando-lhe elegantes bicadas: *São engraçadíssimas*, **comentava**. *Agora está comendo não sei que coisas, com toda a elegância. Comem melhor do que muitas pessoas*[145].

Os esquilos foram de vez em quando objeto de um ou outro dos seus comentários humorísticos, lembrando-se de que — durante a travessia dos Pireneus, na guerra civil espanhola — ele e os que o acompanhavam tinham chegado a comer algum esquilo com trigo, como sucedâneo agreste e de emergência do arroz com frango. E continuava a descrever com humor aquela peripécia pelas montanhas: *Também nos alimentamos durante vários dias de cogumelos apanhados nos bosques. Tomava-os* **com censura eclesiástica**, esclareceu sorrindo. *Nem eu nem os que vinham comigo sabíamos distinguir os bons dos maus. Mas havia alguns sacerdotes escondidos por ali, que vinham cumprimentar-nos e nos diziam quais eram comestíveis*[146].

O sapo — escondido e feio, para falar sem metáfora — é coisa que se tem de tirar para fora da alma quanto antes: *Diz primeiro, como te aconselho sempre, o que não quererias que se soubesse. Depois que se soltou o «sapo» na Confissão, que bem se está!*[147]

O rato personificou igualmente uma realidade espiritual: em tom de brincadeira cheia de zelo pelas almas, costumava dizer a quem se encontrasse numas circunstâncias familiares ou profissionais especialmente favoráveis para o apostolado: — *Verdadeiramente, estás como o rato dentro do queijo!* Para onde quer que vire a cabeça, há comida abundante!

Os macacos — ou melhor, a macaca em particular — também se fizeram protagonistas implícitos de um ou outro comentário profundo e humorístico ao mesmo tempo, que jogava com um conhecido provérbio espanhol: «Ainda que a macaca se vista de seda, macaca se queda». Em *Caminho*, escrevia: *Ainda que a carne se vista de seda ... — Dir-te-ei, quando te vir vacilar diante da tentação, que oculta a sua impureza sob pretextos de arte, de ciência ..., de caridade! Dir-te-ei, com palavras de um velho ditado espanhol: «Ainda que a carne se vista de seda, carne se queda»*[148].

Outro animal — o porco — foi objeto de alusões brincalhonas, para inculcar nas pessoas jovens a beleza e a necessidade da castidade. Por muito fortes que pudessem ser as tentações ou a pressão do ambiente, deviam esforçar-se por não imitar *os senhoritos da vista baixa*, os porcos. E é claro que essa maneira de designar esses animais que andam sempre fuçando na esterqueira tinha uma intenção pastoral, ao mesmo tempo que caricaturesca. A prova está em *Caminho: O manjar mais delicado e seleto, se o comer um porco (que assim se chama, sem perdão da palavra), converte-se, quando muito, em carne de porco! Sejamos anjos, para dignificar as ideias ao assimilá-las. — Pelo menos, sejamos homens: para converter os alimentos, no mínimo, em músculos nobres e belos, ou talvez em cérebro potente ..., capaz de entender e adorar a Deus. — Mas ... não sejamos animais, como tantos e tantos!*[149]

NÃO NOS LEVEMOS
DEMASIADO A SÉRIO

Com alguma frequência, talvez com o propósito de mostrar a finitude humana, costuma aparecer em livros e revistas *o valor* — em termos monetários — que têm as cinzas de um homem; somam o preço dos gramas de cálcio, ferro, potássio etc., que essas cinzas contêm, e concluem que o nosso preço é um punhado de moedas. Eu não concordo, mas também não concordo com os que dizem que o valor é bastante maior — muitíssimos milhões — se, em lugar de avaliar as cinzas, se consideram os elementos vivos: tantos gramas de hemoglobina, tantos de ácidos nucleicos, tantos de diferentes hormônios etc. Não estou de acordo porque, por maior que seja essa quantidade, a pessoa humana tem um valor superior ao do seu corpo vivo ou inanimado, e ao de qualquer animal ou coisa, por muito dinheiro que custe. Fomos criados à imagem e semelhança de Deus e somos seus filhos, *não só de nome, mas de verdade* (1 Jo 3, 1), depois de termos sido redimidos *não com prata ou ouro, mas com o Sangue precioso de Cristo* (1 Pe 1, 18).

Neste sentido, o nosso valor é imenso e temos de tomar-nos a sério; não podemos baratear de modo insensato o que se refere ao nosso destino sobrenatural nem esquecer a repercussão que têm as nossas livres decisões do ponto de vista da eternidade. A vida, a graça de Deus, a família, a fé, o dever de nos santificarmos, a nossa responsabilidade como membros da sociedade e da Igreja, a nossa vocação etc., tudo isso é tão importante que encará-lo levianamente seria estúpido e suicida.

Ao mesmo tempo, porém, não devemos tomar-nos *demasiado* a sério, e isto tem grande importância, porque é algo que está estreitamente vinculado à «base e fundamento de todas as virtudes», em frase de Cervantes: a humildade. — *É preciso aprender a rir-se de si mesmo*, repetia Josemaria Escrivá.

Mas também não se deve entender esse conselho como se fosse uma máxima de almanaque. A sua principal raiz continuam a ser a fé e o amor: ***Basta-me ter diante de mim um Crucifixo, para não me atrever a falar dos meus sofrimentos... E não me importo de acrescentar que tenho sofrido muito, sempre com alegria***[150].

A humildade não é «em primeiro lugar uma forma de relacionar-se com os outros, mas uma forma determinada de estar na presença de Deus [...]; é a aceitação sem reservas daquilo que por vontade divina é o real. Neste sentido, consiste em dobrar-se de maneira consciente à realidade de que nem a humanidade nem o homem particular são Deus, nem foram criados com a natureza divina. E é neste momento que se torna visível uma secreta correspondência entre humildade e humor; coisa que é profundamente cristã»*. Teresa de Jesus

---

(*) J. Pieper, *Las virtudes fundamentales*, Rialp, Madri, 1980, pp. 279-280. «Se se medita a fundo no humor, vê-se que é por direito próprio uma das poucas coisas sérias e essenciais desta vida. Com ele se nos revelam as facetas ocultas da riqueza interior do homem. E boa prova disso é que somente aparece

escreveu que «andar em humildade é andar na verdade»; daí que o humorismo se revista de um certo relativismo*: um imenso relativismo — no caso dos santos —... quanto ao relativo.

E isso costuma ser patrimônio de quem não admite contemporizações no que é absoluto: fé, sim, mas nos dogmas; quanto a todo o resto, liberdade. Por isso, as pessoas fanáticas ou com marcada inclinação para o absolutismo mostram pouca disposição para o bom humor e não sabem rir-se de si mesmas: o santo, sim, sabe, «precisamente porque sabe ceder no que é opinável e movediço, não se apoiando em outras crenças

---

quando existe um equilíbrio da pessoa em relação à existência» (A. Vázquez de Prada, *El sentido del humor*, p. 11).

(*) Saber-se criatura — e não um deus — é o caminho real para chegar a esse bom relativismo: é por isso que os santos o possuem. Mas há também pequenos atalhos para chegar ao mesmo destino. Basta considerar, por exemplo, o cálculo que alguém se lembrou de fazer: se se computa num ano a idade da Terra, a idade do gênero humano não chega a cento e vinte minutos e, portanto, a vida de cada homem mal alcança uma fração de milésimos de segundo.

que não aquelas que não podem ser afetadas por nenhum percalço da história»[151].

Um conhecido sacerdote de Ávila, Baldomero Jiménez, pediu em 1940 a mons. Escrivá que lhe escrevesse uma apresentação para um livro que estava para publicar. O Fundador do Opus Dei respondeu-lhe com uma carta a que pertence este parágrafo: *Mandam-me uma carta sua, e em Madri encontrarei o seu material. Não é possível que lhe faça um prólogo, porque dirão: — E a este caradura, quem o apresenta?*[152] Com bom humor ou sem ele, o santo não se leva a sério a si mesmo, porque, ao contemplar o Senhor, toma consciência — dia e noite — de ser contingente. Só o vaidoso se trata a si próprio com pompa e aparato. E a razão é que — talvez sem o perceber — se tem por um deus, e com deuses não se brinca.

«O trágico sempre tem a ver com complicações egocêntricas, com fracassos intramundanos e com culpas subjetivas determinadas por fatores externos que sempre parecem inevitáveis. Uma "tragicidade cristã" é uma *contradictio in se*. A morte de Cristo na Cruz não foi trágica;

superou a tragédia»*. Com efeito, uma das características do homem fátuo, seja um superdotado ou um retardado mental, é a melodramática seriedade com que enfrenta tudo o que a ele se refere: «Não me tiveram em conta; faltaram-me com o respeito; ignoraram os meus direitos; não percebem que estou doente, ou cansado, ou muito ocupado, ou com pressa...; como podem ter esquecido isso?»; ou mil coisas do gênero,

---

(*) P. Berglar, *Opus Dei, Vida y obra del Fundador Josemaría Escrivá de Balaguer*, Rialp, Madri, 1987, p. 328. Como contraste, é interessante o episódio que se conta a propósito de uma visita que Santiago Rusiñol e Miguel de Unamuno fizeram juntos à frente de batalha italiana, na primeira Guerra Mundial. Os oficiais que os acompanhavam familiarizaram-se logo com a cordialidade de Rusiñol e atreveram-se a perguntar-lhe: — «Ouça, o Sr. Unamuno nunca ri?» Rusiñol replicou: — «Nunca! O seu cargo lho proíbe» (cf. J.A.Vallejo-Nágera, *Locas egregios*, 34a. ed., Planeta, Madri, 1991, p. 206). Não sei se é coincidência o fato de o mesmo Unamuno ter publicado em 1913 o seu ensaio *Del sentimento trágico de la vida* e de ter sido também autor de outro intitulado *Mau-humorismo*, em que sustenta que «talvez uma das boas definições que se podem dar do humorismo seja que é a visão do mundo através de uma doença, não já de um temperamento» (cf. *Ensayos II*, Aguilar, Madri, 1947, p. 610).

que são o conto — ou a tragédia — de nunca acabar. *Os pobrezinhos dos soberbos sofrem por mil e uma pequenas tolices, que o seu amor próprio agiganta, e que aos outros passam despercebidas*[153]. O que uma alma simples passa por alto ou — se o notou — sabe perdoar e esquecer, no vaidoso chega facilmente a converter-se em obsessão ansiosa.

Há almas que parecem empenhadas em inventar sofrimentos, torturando-se com a imaginação[154]. Daí que *rir-se de si mesmo*, no fundo, seja não só uma receita de humildade, mas, além disso, de felicidade. Admite-se correntemente que os orgulhosos convencidos da sua superioridade são os que menos riem: não em vão Chesterton chamou à humildade «um dom saudável e humorístico».

Mas é divertido verificar que, se o fátuo raramente ri, em contrapartida é um dos alvos preferidos do riso alheio: Bergson chega a dizer que a vaidade constitui um defeito essencialmente risível. E Tertuliano parece ter pensado, segundo diz Pascal, que «nada se deve à vaidade senão uma gargalhada»[155]. Seja como for, não me parece que agora precisemos de argumentos de autoridade: todos estaremos de acordo em que uma pessoa fátua, cheia de si, pedante e emproada, é facilmente ridícula, e a palavra ridículo vem do latim *ridere,* rir.

Neste ponto, impõe-se uma digressão. Quando se fala do *orgulhoso* e do *humilde,* não se pretende fazer uma distinção maniqueia: como se houvesse indivíduos que têm a exclusividade do orgulho, e outros que não experimentam nenhuma tentação de soberba. A condição humana é tal que todos nós — com exceção da Santíssima Virgem — somos ao mesmo tempo orgulhosos e humildes. O orgulhoso por antonomásia é propriamente aquele que não é consciente dessa fragilidade e não se esforça, com a graça de Deus, por assentar-se na verdade e colocar o eu no seu lugar. É sob esta perspectiva que se deve entender o que vimos dizendo e, em concreto, uma estupenda frase de Josemaria Escrivá: ***Não vi maior tolo que um esperto orgulhoso***.

Por contraste, os conhecidos episódios de São Thomas More na Torre de Londres e mesmo minutos antes do seu martírio são um bom exemplo de como a humilde sabedoria dos santos lhes permite ver o lado cômico das coisas, até no instante da execução ou da tortura, mas é importante lembrar que, para manter o senso de humor no momento da morte, é preciso tê-lo nas asperezas habituais da vida.

Numa carta de junho de 1938, o Fundador do Opus Dei aludia à insistência dos seus filhos em que engordasse, apesar de continuar magérrimo: *Já se começa a notar o calor neste Burgos. Noto-o mais do que no ano passado em Madri. Disto deduzirás que tenho um* **toucinho** *como agasalho*[156]. No mês seguinte, outra carta sua volta a brincar sobre o seu pretenso aumento de peso, que lhe dava cobertura para os seus rigorosos jejuns. Desta vez, a missiva tinha por destinatário uma pessoa que estava na outra região em que a guerra dividira a Espanha, onde havia censura postal; daí que mons. Escrivá fosse obrigado a escrever não só em forma cifrada, mas além disso — diríamos — em estilo «tropical»: *Também o avô* (isto é, o próprio Fundador), *embora tranquilize os outros, anda preocupado pelos seus pequenos e por Guitín* (o seu irmão Santiago). *Dá umas trabalheiras enormes a D. Manuel e a Maria* (Nosso Senhor e a Santíssima Virgem), *dá-lhes umas trabalheiras enormes.*

Se não fosse por eles, embora agora esteja gordo — bochechudo, rechonchudo — e forte, estaria abananado. Quando os vir, não saberá o que dizer-lhes[157].

Um dia de 1960 — não me lembro da data exata —, assistíamos a um programa de televisão e a câmera focalizou um violinista da orquestra. Anotei as palavras do Santo: — *Como gostaria de tocar o violino!* E anotei também o sorridente comentário: — *No entanto, não tenho feito mais do que* tocar o violão*..., e à minha idade já não se pode pedir outra coisa.* Idêntica desestima de si mesmo, enraizada na humildade — não no pessimismo — e expressada frequentemente em termos jocosos, levou-o a comentários semelhantes em muitas outras ocasiões.

— *Sou um trapo*[158], disse na Guatemala, quando uma doença, unida ao cansaço causado pela sua incessante atividade, o obrigou a limitar o programa da sua estada. Uns dias depois, numa curta passagem pela Venezuela, já de regresso

---

(*) Em espanhol, a expressão significa também «perder o tempo distraidamente». (N. do E.)

a Roma, um dos que o acompanhavam perguntou-lhe se não queria passear um pouco: — *Não, obrigado! Estes sempre querem fazer-me passear; e eu... sou um animal sedentário!*[159].

Os santos não só se riem de si mesmos, mas divertem-se também de todas as teorias psicológicas que tratem de explicar por que riem. Talvez seja também por isso que há quem se mostre perplexo ante a convivência da santidade com o lado humano da pessoa. O próprio São Josemaria Escrivá criticou certas hagiografias excessivamente angélicas e desumanizadas, e disse-o — não podia deixar de ser — com um toque de humor: *Têm prestado um fraco serviço à catequese, talvez involuntariamente, esses biógrafos de santos que queriam descobrir a todo o custo coisas extraordinárias nos servos de Deus, já desde os primeiros vagidos. E contam de alguns deles que, na infância, não choravam, e às sextas-feiras não mamavam, por mortificação... Vós e eu nascemos chorando, como Deus manda; e nos pendurávamos do peito da nossa mãe sem nos preocuparmos com Quaresmas nem com Têmporas*[160].

Referiu certa vez o que lhe aconteceu quando ainda era jovem sacerdote. Por causa de uma forte contrariedade, *irritei-me ... e depois irritei-me por ter-me irritado*. Nesse estado de ânimo, indo pelas ruas de Madri, passou por uma daquelas máquinas que faziam seis fotografias rápidas por quatro tostões, e o Senhor deu-lhe a entender que era uma boa oportunidade para humilhar-se e aprender uma lição de bom humor. Entrou na cabine e fez as fotografias: *Estava engraçadíssimo com a cara de irritação!* Rasgou cinco fotos e guardou a sexta na carteira durante um certo tempo. *De vez em quando, olhava-a, para ver a cara de irritação, humilhar-me diante do Senhor e rir-me de mim mesmo: por bobo!, dizia para mim*[161].

Com uma boa dose de cinismo, embora em tom jocoso, escreveu-se que um santo é «um pecador defunto, revisado e corrigido»[162]. É muitíssimo mais certeira, profunda e esperançada a concisa descrição que Josemaria Escrivá fazia de si mesmo: *Sou um pecador que ama a Jesus Cristo*. Isto é, podemos nós glosar, um homem vivo e autêntico, santo e enamorado de Deus sobre todas as coisas, mas real, de carne e

144

osso, o que é a mesma coisa que dizer com temperamento próprio; no seu caso, um caráter forte e apaixonado, que foi a base que Deus quis para aquele que escolheu como Fundador da Obra. Os altos e baixos de humor, que são integrantes da natureza humana — cansaço até o esgotamento e vigor entusiasta; saúde e doença; ternura e energia; firmeza para repreender e mimo paterno para recuperar —, tudo isso, e mais, esteve nele sempre à disposição do Senhor, com vontade ou sem ela.

Era, pois, de esperar o teor da sua resposta a esta pergunta: — «Padre, quando se têm esses dias cinzentos em que tudo sai mal, o que é preciso fazer?» — *Ter bom humor e oferecer a Deus esses dias cinzentos da mesma forma que ofereces os de sol*[163]. Falava por experiência própria, porque, se Josemaria Escrivá é um mestre de bom humor, não é que se tivesse sentido sempre cintilante, espirituoso, descontraído e risonho: — *O Opus Dei custou-me sangue e lágrimas, mas fui sempre feliz*[164].

Conheceu também — porque *não é o discípulo mais do que o mestre* (Mt 10, 24) — as horas amargas da Oração no Horto e os momentos de indignação, tal como

145

os experimentou Nosso Senhor Jesus Cristo: mas nada disso — *embora os nervos se rompam de pena ou nos saltem as lágrimas*[165] — deve tornar-nos infelizes.

Os que querem santos sem músculo provavelmente se escandalizam também ante o episódio evangélico da figueira amaldiçoada (cf. Mt 21, 18-22) ou ante a ira de Nosso Senhor ao contemplar a profanação do Templo (cf. Mt 21, 12-13) ou ao ver a hipocrisia de alguns (cf. Mc 3, 5). No caso de Jesus Cristo, já que ninguém pode acusá-lo de conduta imoral ou menos santa, atribuem-se os fatos narrados pela Sagrada Escritura a pura invenção ou a mal-entendidos dos Evangelistas. Quando se trata de santos, que protagonizaram na sua vida episódios semelhantes (pelo menos, na ótica com que hoje os encaramos), a solução, se não se podem ocultar ou ignorar essas manifestações de humanidade, é pôr em dúvida a sua santidade. Mas essa solução não soluciona nada: o que faz no fundo é projetar sobre os justos uma injusta e mesquinha imagem da heroicidade cristã.

A verdadeira explicação está em aceitar com simplicidade o que a Igreja aceitou, ou seja, harmonizar aquilo que — com visão míope — nos parece contraditório: por um lado, o que é normal na santidade, e, por outro, o que — pela nossa simploriedade — nos parece indigno de um santo que se respeite. A alegria e a aflição podem coexistir numa mesma pessoa e até ao mesmo tempo, sem antinomia: *cada uma no seu «homem»: aquela, no novo: a outra, no velho**.

Por isso, não constitui nenhum problema que o Fundador do Opus Dei, modelo impressionante de bom humor, pudesse dizer, dirigindo-se àqueles que o seguiam pelo mesmo caminho de espiritualidade, o que lhe ouvi alguma vez: — *Também nós temos direito a uns momentos de mau humor ..., mas só a uns momentos*.

Estou intranquilo — mas com muita paz — pelos de Madri e por cada um[166], escrevia no meio da guerra civil espanhola. *Estou sempre alegre. Às vezes, tenho um desgosto. Mas, mesmo então, continuo contente*[167].

(*) *Forja*, n. 183. Este ponto alude ao dualismo espiritual, embora não antropológico, que aparece nos escritos de São Paulo entre o «homem novo» e o «homem velho» (cf. Rm 6, 6; Ef 4, 22; Col 3, 9).

Recomendando a prática evangélica da correção fraterna, dizia com ar de cumplicidade, dirigindo-se a quem lhe havia feito a pergunta: — *Que estes não o saibam: tenho setenta e dois anos, e ainda me descobrem coelhos na cartola, e os que me descobrirão!*[168] Por isso, entre os favores que os santos contemporâneos nos fazem, encontra-se precisamente o de nos oferecerem uma imagem não retocada nem estereotipada da santidade. *Não temos outro remédio senão lutar. Vede os santos dos altares: puseram-nos pintadinhos, que parece que é preciso lambê-los como se fossem de açúcar. E foram uns pobres homens que devem ter lutado como nós: afortunados, benditos de Deus, que sentiam todas as paixões, na alma e no corpo*[169].

O Cardeal Newman dizia que preferia «um crucifixo espanhol de madeira policromada a um italiano feito de ouro»[170]. Por contraste, há pessoas que sofrem não só o *escândalo da Cruz* (cf. Gl 5, 11; 1 Cor 1, 23), mas o escândalo da natureza humana: procuram o santo de ouro; o santo robô; o santo de pedra; o santo angélico; o santo caricatura; o santo super-homem.

Mas nenhum desses santos é um santo real. Daí que algumas coisas — como a irritação contra certos abusos ou pecados — sejam interpretadas como falta de virtude por alguns mais ignorantes que hipócritas, ou ao contrário, que de tudo há nesta vida.

Descrevendo o estado da nobreza liberal francesa, nos anos que precederam a Revolução, o conde de Ségur diz de si mesmo e dos seus colegas: «Queríamos ao mesmo tempo manter o favor da Corte, gozar dos prazeres da cidade, da aprovação do clero, do afeto popular, dos aplausos dos filósofos, da fama que proporcionam os êxitos literários, do favor das damas e da estima dos homens virtuosos»[171]. Não será fácil reunir uma coleção mais explosiva de contradições, mas é essa a impressão que se tem quando se analisa a conduta de alguns que dizem escandalizar-se dos santos humanos. «Estamos acostumados a venerar os santos só nos altares, e não nos lembramos de que foram homens e andaram como nós pela terra. D. Josemaria Escrivá — não tenha o Sr. a menor dúvida — é um santo que veremos canonizado nos altares», escreveu o Bispo de Madri ao Abade de Montserrat em 1942[172].

Para o santo, nem sequer a contrição e a penitência têm motivo algum para ser sombrias. Em 1928, o ano da fundação do Opus Dei, mons. Escrivá tinha sobre a mesa de trabalho um alegre prato de cerâmica de Talavera, quebrado e já recomposto com grampos, como meio para avivar a sua presença de Deus e os seus desejos de desagravo*. Era um **despertador**** da sua própria fragilidade, um

---

(*) Durante os anos trinta e quarenta, houve períodos em que também conservou, como meio ascético, uma caveira humana a que chamava humoristicamente **Dona Pelada**, numa tentativa de desdramatizar o que alguns consideram arrepiante: por um lado, essa caveira era tratada com o respeito devido aos restos humanos e ajudava-o a considerar a nossa finitude; mas, por outro, não queria de maneira nenhuma dar a impressão de que a ascética devia ser triste e fúnebre. Com efeito, definiu muitíssimas vezes a ascética do Opus Dei como *ascetismo sorridente e pediu esportivismo na luta ascética.*

(**) Com essa palavra, designava os expedientes humanos (pequenos objetos, pinturas, detalhes de decoração etc.) de que procurava servir-se para avivar a sua presença de Deus.

constante aviso sobre a miséria da criatura. Quando alguém, que conhecia esse pequeno episódio, o presenteou mais tarde com outros pratos de Talavera, também consertados com grampos, contudo não à vista, mas escondidos, não gostou, porque preferia que se vissem os grampos; senão, acrescentava, *pareceriam uns pratos soberbos*[173]. E para acentuar a sua confissão de fragilidade — *um vaso de barro que se quebra facilmente* —, proclamava, aludindo a esses grampos: *Josemaria, se os outros te conhecessem, afastar-se-iam de ti com nojo, porque estás cheio de zípers por todos os lados*[174].

Tanto o repetiu que muita gente acabou por saber da sua simpatia pelos trebelhos de barro e, quando tinham ocasião, faziam-lhe chegar algum, como manifestação de carinho. Também isso lhe proporcionou ocasião de brincar, como aconteceu no Brasil, ao lembrar numa tertúlia que *é próprio do barro que, se lhe dão uma pancada, se quebre ... Aqui também põem os benditos grampos?*, perguntou. E, para prevenir um dilúvio de objetos de barro, comentou com divertido ar de resignação: *Já estamos outra vez com os grampos, mas não me mandeis mais moringas!*[175]. A gargalhada foi estrondosa.

Quando o Senhor lhe fez ver o que queria dele — a fundação do Opus Dei —, pôs-se a trabalhar sem falsas humildades. Mas foram necessários bastantes anos antes de que aceitasse sem protestar o inevitável título que esse chamamento trazia consigo: Fundador do Opus Dei. Como fez com frequência, resolveu o problema com bom humor: *Os meus filhos chamam-me o Fundador do Opus Dei, e é verdade que o sou; mas sou* **fundador sem fundamento.** *O fundamento é unicamente Cristo*[176]. Em outros momentos, aproveitando-se da popularidade de um determinado tipo de conhaque, a piada tinha uma certa graduação alcoólica: *O melhor* **Fundador** *que conheço está engarrafado*.

Para se referir ao nascimento do Opus Dei, empregava uma fórmula que repetia sempre quase letra por letra: *Eu tinha vinte e seis anos, a graça de Deus e bom humor: nada mais*. Às vezes, acrescentava: *Mas assim como nós, os homens, escrevemos com a caneta, o Senhor escreve com a perna da mesa, para que se veja que é Ele quem escreve: isso é o incrível, isso é o maravilhoso*[177].

Também remonta à mesma época o truque que empregava para enganar o cansaço que lhe provocava a sua incessante atividade sacerdotal. Ele mesmo o revelou alguma vez: *Sabeis o que fazia eu durante uma época — há anos, logo que fiz trinta — em que me sentia tão cansado que mal conciliava o sono? Ao levantar-me, dizia para mim mesmo: Antes de almoçar, dormirás um pouco. E quando saía à rua, acrescentava, contemplando o panorama de trabalho que me caía em cima naquele dia: — Josemaria, enganei-te outra vez*[178].

Os dons sobrenaturais extraordinários que Deus lhe concedia também não foram ocasião para que se tomasse muito a sério, que é o que faria o soberbo. Se a evidência desses favores excepcionais do Senhor levava algumas pessoas a fazer comentários mais ou menos oportunos — «o *cura dos milagres*», chamaram-lhe às vezes —, resolvia a situação com uma saída humorística: — *Eu sou um pobre cura gordo, que trabalho humildemente para fazer o bem que posso*[179]. Coisa semelhante acontecia quando, atraídas pela sua fama de santidade — ou simplesmente pela curiosidade de conhecê-lo —, pessoas de todo o mundo iam visitá-lo. Com bom humor e para tirar importância a essa atração que exercia sobre as almas, costumava explicar: — *Talvez venham ver o bicho*[180].

São típicas do seu bom humor as duas explicações que costumava dar quando alguém — um membro da Obra, um amigo, um cooperador etc. — lhe perguntava se iria em breve a este ou àquele país, de onde eles eram. Umas vezes, desculpava-se por não ter podido viajar a esse determinado lugar, dizendo que não tinha *o dom da bilocação*. Outras, a resposta deixava pensativos os perguntadores, porque se baseava numa historieta humorística que era preciso conhecer para captar o seu sentido. —

«Padre, quando irá à Inglaterra?» — *Quando me levarem. Eu sou como o papagaio do português...**

Numa tertúlia pública no Colégio de Escribanos — «de Escrivães» — de Buenos Aires, um menino fez-lhe uma pergunta um tanto ambígua: — «Padre, como podemos ser iguais ao Padre?» — *Ao Padre eterno, queres dizer?* Como que surpreendido de que não o tivesse entendido, o pequeno explicou: — «Não, ao senhor». — *A mim? Só se vestires uma batina e te chamares Escrivá e vieres à sede dos escrivães... Eu sou um modelo muito deficiente, meu filho. Eu pretendo imitar Jesus Cristo Senhor Nosso, e tu, meu pequeno, vais imitar também o Menino Jesus com todo o teu carinho de menino. Nós dois o imitaremos; a mim, não vale a pena, mas a Jesus Cristo, sim*[181].

(*) RHF, 20760, p. 644. Parece que o tal papagaio tinha aprendido a repetir a frase: — «Quero ir a Paris», e não desaproveitava nenhuma ocasião para exibir-se. Um belo dia, foi comprado por um português, e, quando espetou a sua habitual frase ao novo proprietário, este respondeu-lhe com a respeitosa cortesia lusitana: — «Vossa Excelência irá para onde a levarem!»

A 28 de março de 1975, celebrou na intimidade as suas Bodas de Ouro sacerdotais. Aludindo a esse aniversário, disse — como costumava repetir em aniversários pessoais — que, ao passar um traço por baixo desses cinquenta anos e fazer a soma, lhe havia saído uma explosão de riso: *uma gargalhada na qual peço perdão a Deus de todo o coração, e na qual perdoo tudo, embora jamais me tenha sentido ofendido por ninguém*[182].

Outras vezes, de modo especial nos seus aniversários, recorria a uma das suas imagens preferidas — a do burrico — e jocosamente contabilizava a idade em clave de zurros: *Sessenta anos, sessenta zurros*[183]. E assim foi, quer dizer, com essa humildade bem humorada e ao mesmo tempo soberanamente esperançada, até o fim da sua vida. Poucas semanas antes de falecer, conversando com um grupo de filhos seus, dizia-nos: *O Padre? Um pecador que ama a Jesus Cristo, que não acaba de compreender as lições que Deus lhe dá, um bobo muito grande: isto era o Padre! Dizei-o aos que vo-lo perguntarem, que vo-lo perguntarão*[184].

O JOGRAL DE DEUS

Mais de uma vez, o Fundador do Opus Dei tinha recordado e feito considerar a velha lenda medieval do jogral de Santa Maria, aquele homem meio prestigitador e meio palhaço, meio poeta e meio saltimbanco, que decidiu fazer-se monge.

Tudo foi bem durante uma temporada, até que começou a sentir dúvidas sobre a utilidade da sua vida no mosteiro. «O abade é prudentíssimo: é só ver os conselhos que dá; o padre Fulano é um pregador impressionante: quanta gente se converte com os seus sermões!; o irmão Beltrano é um verdadeiro artista: que maravilhas pinta para ilustrar os livros que se escrevem no mosteiro! E todos os outros: cada um sabe fazer algo bem útil..., menos eu!» Aos olhos do pobre ex-jogral, o único que não servia para nada era ele.

Até que uma noite, no meio da insônia causada pela sua preocupação, lhe veio a ideia: «Já sei o que fazer». E descendo à igreja do mosteiro com o saco onde guardava os utensílios do seu antigo ofício, postou-se diante de uma estátua de Nossa Senhora e começou a honrá-la com truques malabarísticos, jogos de mãos e equilibrismos. E a imagem de Nossa Senhora, diante da qual o jogral fazia as suas habilidades, sorriu-lhe.

São três, no meu entender, as modalidades de encarnar o **jogral de Deus**, que São Josemaria Escrivá praticou e ensinou a praticar.

Em primeiro lugar, quando — em momentos de cansaço e aridez espiritual — parece que se está fazendo uma comédia ao rezar ou ao praticar alguma devoção ou uma norma de piedade. No seu estilo direto, em diálogo pessoal, que é característica de muitos dos seus escritos, mons. Escrivá respondia assim a essa dificuldade: **A esse amigo e**

*a ti, se te encontras na mesma situação,
respondo-vos: — Uma comédia? Grande
coisa, meu filho! Representa a comédia!
O Senhor é teu espectador!: o Pai, o Filho,
o Espírito Santo; a Trindade Santíssima
nos estará contemplando, nesses momentos em que «representamos a comédia». —
Atuar assim diante de Deus, por amor,
para agradar-lhe, quando se vive a contragosto, como é bonito! Ser jogral de Deus!
Que maravilhoso é esse recital levado a
cabo por Amor, com sacrifício, sem nenhuma satisfação pessoal, para dar gosto a Nosso Senhor! — Isto, sim, é viver de
Amor*[185]. Outras vezes, insistindo no mesmo
argumento, comparava essas temporadas
de aridez à serenata que um homem pode
fazer debaixo da janela da sua noiva. Está
ali porque a ama, mesmo que, ao tocar o
violão, o faça de uma maneira um pouco
automática e até distraída.

Em segundo lugar, personificar o *jogral
de Deus* significa fazer o que é preciso —
sempre que não se ofenda a Deus —, incluí-
das as truanices, se forem necessárias, para

alegrar e ***tornar amável e fácil o caminho aos outros, que já bastantes amarguras traz a vida consigo***[186].

Entre muitos outros semelhantes, anotemos um episódio evocado por Jesús Urteaga. Teve como cenário Molinoviejo, a primeira casa de retiros que o Opus Dei dirigiu no mundo, situada perto de Segóvia. Numa tertúlia nos anos quarenta, durante um curso de formação para membros do Opus Dei, Urteaga tinha atuado como «palhaço de circo» nos intervalos da sequência de mágicas que fazia Juan Bautista Torelló, outro dos assistentes. Ao terminar a tertúlia, e a sós com o Fundador, Jesús disse-lhe: — «Padre, sempre me cabe fazer de palhaço!» Cortando-lhe a frase, o Padre replicou-lhe: — ***Jesús, faze sempre de palhaço, desde que faças felizes os teus irmãos!***

Se a caridade ou qualquer necessidade daqueles que o escutavam o aconselhavam, mons. Escrivá também não se importava de ***fazer de jogral de Deus***[187]. Uma ocasião privilegiada eram as suas visitas a algum filho seu que estivesse de cama; além de ajudá-lo espiritualmente com a sua oração e as suas palavras, arranjava sempre maneira de alegrá-lo. Se o estado da doença o permitia, mantinha uma conversa amena, contava alguma piada divertida, cantava e até — como aconteceu em 1950 — chegou a dançar para aliviar as dores que o doente sentia, distraindo-o enquanto não chegava a ambulância. Mais adiante, a propósito deste episódio, comentou o seu raciocínio: *fazer o que estivesse ao meu alcance para aliviá-lo. Como espiritualmente enfrentava tudo com muito sentido sobrenatural, considerei que agradaria ao Senhor se o ajudasse a esquecer-se da dor. Pensei no que tantas vezes vos disse: se, para ajudar um doente, precisamos de um pedaço do céu, iremos até lá roubá-lo, porque o Senhor nos sorrirá. Dancei, e teria ficado de quatro; teria feito qualquer coisa*[188]. E em outras ocasiões, sempre a propósito do mesmo episódio, não deixou de lembrar que Davi também dançou diante da Arca, por amor a Deus (cf. 2 Rs 6, 14).

Finalmente, fazer de *jogral de Deus* era atuar em público personificando uma cena, fazendo rir, imitando um gesto, caricaturizando uma atitude, se isso podia ser veículo para transmitir graficamente alguns ensinamentos espirituais. Após assistir a uma das reuniões que o Fundador teve durante a sua visita ao Chile*, José Miguel lbañez Langlois explicou-o assim em 1974:

«O jogral de Deus é mais do que uma metáfora. Porque, desde o começo, este pregador inflamado em amor de Deus sabe esbanjar graça humana, o humor mais esplêndido, os pensamentos mais inesperados e cintilantes. Os ouvintes ficarão cativados desde o início: assistirão a uma meditação, a um desfraldar de vida contemplativa, mas também a uma festa de humor. Esse será o

---

(*) Durante os primeiros dias da sua estada nesse país, o tempo esteve nublado e chuvoso. O Padre fez frequentes brincadeiras com essas circunstâncias meteorológicas, que não deixavam ver a cordilheira: *Este tempo do Chile faz-me pôr em ação a fé: Onde estão os Andes? Não existem! Estais enganando-me!* (RHF, 20771, p. 32; Artigos, n. 230).

tom de toda a conversa: o divino e o humano formarão uma só coisa na sua palavra, fundir-se-ão no fogo — amor de Deus, carinho humano, afeto transbordante — que a sua pessoa irradia. A palavra de Deus será nos seus lábios tão exigente como amável, tão contundente como divertida»[189].

Doía-lhe ver que alguns fizessem genuflexões descuidadas, apressadas, e em muitas ocasiões, diante de milhares de pessoas, demonstrou praticamente como se adora o Senhor, com uma genuflexão pausada, convencido de que assim, ao menos, alguns se uniriam ao seu desagravo a Jesus Sacramentado. Outras vezes, para fazer ressaltar a diferença, não tinha dificuldade em caricaturizar os gestos de uma genuflexão muito precipitada: *Não fazemos assim* — sublinhava —, *mas ficamos uns instantes com o joelho em terra, sem pressas:* **Adoro te devote, latens Deitas...** *Dizendo-o com o coração: — Adoro-te, Senhor, que estás escondido*[190].

Durante o verão de 1972 — o ano dos Jogos Olímpicos em Munique —, passou algumas semanas no norte da Itália, muito perto da fronteira suíça, *fazendo de conta que descansávamos, porque trabalhamos muito*, explicou alguns meses depois, diante de muitas centenas de pessoas. *Escrivá escrevia, que é o seu dever*[*]. *Escrevi mais que o Tostado!*[**] Quando os risos dos presentes se apagaram, continuou: — *Víamos na televisão as Olimpíadas. Incomodava-me um pouquinho ver toda aquela espécie de culto ao corpo humano — que é uma coisa nobre, grande, limpa... — e aquele fogo sagrado...*[191] *Via como se aproximavam aqueles moços*

(*) Não foi essa a única ocasião em que brincou com o seu sobrenome. Uma das tertúlias públicas que tiveram lugar durante a sua estada em Buenos Aires, em 1974, foi no salão nobre do Colégio de Escribanos. Estas foram as suas primeiras palavras: — *Quero começar dizendo-vos que sois muito oportunos. Trouxestes Escrivá para falar na sede dos escrivães.* Um riso geral acolheu essas palavras (cf. RHF, 20770, p. 441).

(**) Alonso Tostado de Madrigal, grande escritor, teólogo, filósofo, escriturista e jurisperito, foi professor na Universidade de Salamanca; morreu sendo Bispo de Ávila em 1455. A fecundidade da sua pena deu pé à frase feita «escrever mais que o Tostado». (N. do E.)

fortes, com a vara preparada para saltar (e as suas mãos simulavam agarrar a vara). *Concentravam-se em silêncio até que, por fim!, dava a impressão de que se decidiam* (com um gesto do corpo, insinuava o impulso da partida do atleta). *Mas não: passara uma mosca por ali, e acabara-se a concentração. Têm mais recolhimento que muitos cristãos à hora de rezar! Outras vezes* — agora imitava os especialistas em salto em altura —, *não paravam, queriam saltar, mas... não conseguiam. Então abaixavam a cabeça* (e ele a abaixava, num gesto que arremedava a frustração do salto fracassado), *iam de novo ao ponto de partida, relaxavam os músculos e punham-se outra vez nessa espécie de recolhimento fisiológico, que seria, ao mesmo tempo, psicológico. Depois, lançavam-se* (novamente, o gesto que lembrava um vibrante começo de corrida) *e, talvez na quarta ou quinta tentativa, saltavam. Tu deves dizer aos teus alunos* — acrescentou, dirigindo-se ao professor que lhe havia falado — *que na vida acontece isso. [...] Queremos relacionar-nos com Deus, e [...] para isso é muito bom fazer uma ginástica espiritual, que é muito*

***semelhante — pelo menos paralela — à
ginástica física***[192].

Quando era necessário, a paródia também tinha lugar privadamente. Um episódio desse gênero ocorreu em 1938, durante a sua estada em Burgos no meio da guerra civil da Espanha. Levava a Obra de Deus para a frente com oração, jejum e mortificações sem conta, e uma dessas mortificações voluntárias era o sacrifício de passar alguns períodos sem beber água. Não é de estranhar que, no ano seguinte, quando se publicou *Caminho*, incluísse a sede entre os tesouros do homem sobre a terra[193].

Os que conviviam com ele andavam preocupados com a sua saúde e tentavam sem êxito que reduzisse a sua penitência. Assim se explica — como manifestação de carinho — o que conta um deles, sobre a sua mortificação de não tomar água: «Notava-se, porque ao falar tinha a boca e a garganta secas. Uma noite, não me contive e resolvi agir. Enchi um copo de água e levei-lho, dizendo: "Beba-o!" Recusou-se, dizendo-me que eu estava passando dos limites. Sem dominar o meu mau gênio, respondi: "Ou o senhor bebe ou jogo o copo ao chão". Ao ver que não cedia, deixei cair o copo, que se estilhaçou. Imitando com paciência e até com bom humor a minha maneira de falar, disse-me: *Raivoso!* Tudo acabou pedindo-lhe eu perdão e recolhendo [...] a água e os cacos do chão. Pouco tempo depois — quando já estava para me deitar e rezava de joelhos três Ave-Marias —, ainda teve paciência [...] para me dizer: *Tem cuidado e não andes descalço; não aconteça que tenha ficado no chão algum pedaço de vidro*»[194].

Passados muitos anos, participei de uma tertúlia com o Fundador do Opus Dei e um pequeno grupo, em que também estava presente o outro protagonista dessa cena: lembro-me — e parece-me que me lembrarei sempre — das gargalhadas de todos, do Padre em primeiro lugar, quando esse seu filho rememorou o episódio.

BOM HUMOR ATÉ À MORTE

Se a presença de contratempos e dificuldades devesse levar necessariamente à angústia, o Fundador do Opus Dei teria sido uma das pessoas mais acomplexadas e tristes do mundo. A sua vida contém quase à letra a coleção de angústias de que fala São Paulo (cf. 2 Cor 11, 24-33), se se excetuam a prisão, os açoites públicos, os naufrágios e a circunstância de o terem descido numa cesta de vime muralha abaixo; e se se acrescentam uma guerra civil, outra mundial, uma diabetes e algumas outras coisas mais.

Mas a sua personalidade sobressaiu pelo otimismo e o bom humor. O segredo? Já o sabemos, mas vale a pena repeti-lo: a consciência de ser filho de Deus: *Quanta neurastenia e histerismo se eliminariam se — com a doutrina católica — se ensinasse de verdade as pessoas a viverem como cristãos: amando a Deus e sabendo aceitar as contrariedades como bênção vinda da sua mão!*[195]. E não escondia que tinha sofrido: *Não me troco por ninguém, e olhem que me trataram a pontapés [...]. Diante de Deus está toda a verdade; fui sempre muito feliz, e também agora*[196].

O bom humor é fruto da vida interior[197], que implica o desejo sincero de não nos separarmos do Senhor. «À luz da Cruz de Cristo, portanto, não existe lugar para *temer* a dor, porque entendemos que na dor se manifesta o amor: a verdade do amor, do nosso amor a Deus e a todos os homens», disse mons. Álvaro del Portillo. E referindo-se aos muitos anos que passou junto do Fundador, prossegue: «Fui testemunha [...] da fidelidade com que encarnou este ensinamento capital da nossa fé. Deus abençoou a sua existência terrena com inúmeras dores fisicas e morais, e sempre esteve sereno, cheio de paz, com um sorriso nos lábios, com um bom humor transbordante e contagioso. *Que estejam tristes* — exclamava — *os que não queiram ser filhos de Deus!* E acrescentava: *Nós, os filhos de Deus, por que havemos de estar tristes? A tristeza é a escória do egoísmo*»[198].

Em junho de 1938, durante a guerra civil espanhola, o Padre resolveu passar umas horas com um membro do Opus Dei, ferido na explosão acidental de uma bomba, e assim teve ocasião de visitar a frente de Madri. De um observatório militar instalado em Carabanchel, contemplou pelas lunetas do telêmetro o que restava do edifício que havia albergado a residência de estudantes — então o único centro do Opus Dei no mundo, devemos esclarecer — aberta poucos anos antes. Não pôde conter um sorriso. Estranhado, o oficial que o acompanhava perguntou-lhe o motivo: *Porque estou vendo o pouco que resta da minha casa...*[199]

Meses depois, passou uns dias em Silos, fazendo ali o seu retiro anual, em solidão, silêncio e oração. A viagem, embora a distância não fosse grande, não esteve isenta de incomodidades, lógicas entre outras razões porque a fez em plena guerra civil. Não era coisa, no entanto, para perder o senso de humor: *Saí de Burgos, num mau ônibus de linha, por volta das quatro da tarde.* **Sancte Raphael! Ora pro me.** *Até Puentedura, fomos pior que no trem: com o mesmo odor, cor, sabor e apertões*[200].

«Uma das coisas que o sofrimento faz — afirma Peter Kreeft — é voltar o nosso olhar para o interior, para nós mesmos. Os doentes dizem com frequência que o pior da doença é que essa situação os faz centrar-se em si mesmos. E isto certamente não é sabedoria»[201]. Inúmeros episódios demonstram que não foi esse o caso de mons. Escrivá, antes pelo contrário.

Quando estava em Burgos, em 1938, além de ficar afônico, começou a sofrer hemorragias que o levaram a pensar que podia ter contraído uma tuberculose pulmonar. Naquela época, essa doença não só era de difícil cura, ao ponto de ter uma altíssima taxa de mortalidade, mas teria acarretado, nas circunstâncias pessoais de mons. Escrivá, uma enorme dificuldade para o exercício da sua tarefa sacerdotal, porque — devido ao risco de contágio — se teria visto obrigado a interromper o seu relacionamento apostólico com gente jovem. Ambas as coisas eram motivo mais do que suficiente para fazê-lo perder o bom humor, mas esse não era o seu estilo. Foi ver o médico e entrou no consultório com um comentário jocoso: — **Vamos ver como está este cavernícola!**[202], numa referência festiva às cavidades pulmonares produzidas nos estágios avançados daquela doença.

Talvez não seja arriscado ver nessa frase dois significados diferentes: por um lado, é mais uma persuasiva prova do seu bom humor; por outro, era a introdução oportuna para que o médico não lhe ocultasse a verdade da sua situação, se se confirmasse a suspeita de infecção. Mas não foi esse o caso: — «Quem disse ao senhor que tem cavernas?», foi a resposta.

Com efeito, só quase no final da vida, como consequência de uma pneumonia que contraiu no Peru, precisou de um tratamento pulmonar específico: primeiro em Lima e depois no Equador, com oxigênio neste último país, para aliviar as consequências adicionais dos três mil metros de altitude a que está situada a sua capital. Quando alguém alegou a altura como causa da fraqueza que sofria, mons. Escrivá, com um sentido sobrenatural humorístico que o *soroche*, ai das alturas, não conseguiu atenuar, respondeu: — *É que não sou um homem de altura. De maneira que Quito não me pregou nenhuma peça. Foi Nosso Senhor, que sabe quando as faz e que brinca conosco. Disse Ele: a este, que está tão enamorado da vida de infância, de uma vida de infância especial, agora vou fazer com que a sinta. E converti-me numa criança. Não deixa de ter graça!*[203]

Como sequela da pneumonia peruana, veio a precisar — mesmo depois de ter regressado a Roma — de algumas sessões de inalação que eram bastante incomodas, como podem testemunhar os que têm experiência dessas coisas. Como não podia deixar de ser, também se aproveitou disso, dizendo que os médicos lhe estavam **tirando a fuligem** *dos pulmões*, e que isso não era de estranhar, depois de ter aspirado durante tantos anos a fumaça dos cigarros consumidos pelas pessoas com quem havia convivido, *fumando em segunda mão*[204]; convém recordar que o fumar «em primeira mão» tinha terminado nos primeiros anos da década de vinte, quando entrara para o Seminário.

Data de 1938 uma carta dirigida a um grupo de filhos seus, à qual pertence o seguinte parágrafo, um impressionante retábulo de emoção, preocupação paterna, imensa caridade, bom estilo literário e senso de humor: *Intranquilo — mas com muita paz — pelos de Madri e por cada um: não sabia este pobre clérigo que o pássaro louco, que traz enjaulado no seu peito, tinha amplitude para que nele coubessem, tão amplamente!, carinhos do céu e da terra. Coração! Certa vez, lá pelos meus dezoito anos (não o conteis a ninguém), escrevia eu uns versos muito maus — justiça seja feita — e assinava assim, pondo na assinatura todas as vibrações da minha vida: «O clérigo Coração». Não é de estranhar que o Dr. Vargas afirme* **seriamente** *que tenho não sei que ite nesta víscera*[205].

Como não lhe faltaram nem oposições nem doenças, se algum dos seus filhos sofria incompreensões, podia propor-lhe: **Queres um plano eficaz? Dou-te este, muito experimentado no nosso Opus Dei: calar, rezar, trabalhar, sorrir**[206].

Ao terminar a guerra civil da Espanha, em 1939, começou a funcionar o que se chamou Tribunal Especial de Repressão da Maçonaria, e mons. Escrivá foi denunciado caluniosamente perante esse tribunal. Depois de rejeitar as acusações por serem falsas, o tribunal determinou que alguns dos seus membros visitassem a residência de estudantes instalada na rua Jenner, em Madri, que era onde mons. Escrivá residia naquela altura. Essas pessoas pediram — entre outras coisas — que lhes mostrasse o oratório onde, segundo os acusadores, simulava um milagre de levitação, mediante um jogo de luzes. O Fundador que, por causa da diabetes de que já sofria, estava muito gordo, respondeu sorrindo: — *Seria um milagre de primeira categoria!*[207]

Os seus filhos quiseram que fosse examinado por bons especialistas, e assim procurou em Madri o Dr. Manuel Bermejillo, que era na época o Presidente da Academia de Medicina. Este teve-o pouco tempo como paciente, porque — pelo que dizia o Santo — nem o plano de descanso nem o regime de comida que esse doutor lhe aconselhava estavam ao seu alcance. Explicou assim a mudança de médico: — *Tive que procurar outro de menos categoria. Que podíamos fazer? O plano que me estabeleceu era muito bom, mas para milionários*[208].

Essa forte diabetes, que se diagnosticou nos começos da década de quarenta, durou até abril de 1954, data em que se curou de um modo inexplicável[209]. Durante esses anos, foi atendido em Roma pelo

Dr. Faelli, outro especialista. Com toda a certeza, mons. Escrivá «era o paciente menos preocupado com a sua doença. Até se permitia fazer piadas sobre a sua condição. Piadas com o seu quê de dignidade escolástica. Embora fosse doutor em Direito pela Universidade de Madri (e depois o seria em Teologia pela Lateranense), com maiores Doutores contava a Santa Madre Igreja: um *Doctor Angelicus*, ou *Seraphicus*, ou *Subtilis*. A sua diabetes *mellitus*, com o quantioso fluir de açúcares pela deficiência do seu metabolismo, oferecia-lhe um título apropriado com que exornar-se, mas este já tinha sido adjudicado a São Bernardo, o Doutor *Mellifluus:* — ***A mim, teriam de me chamar* Pater Dulcissimus**, dizia gracejando aos seus filhos»[210]. *Pater iucundissimus et fortissimus*, poderíamos nós glosar, porque verdadeiramente se entregava ao trabalho como se estivesse são e sem nunca se queixar: o bom humor anímico, no seu caso, não dependia dos bons humores corporais.

Se devo julgar pela minha experiência, estou certo de que todos os médicos que o trataram poderão dar testemunho do seu bom humor e do seu sentido brincalhão em relação à sua saúde. Quando comecei a aplicar-lhe injeções, era habitual que me dissesse: — *Vamos ver como te viras, filho, porque eu tenho o corpo como uma alfineteira;* e quando, anos mais tarde, tive que submetê-lo durante uma temporada a algumas sessões de fisioterapia, elogiava-me, jocoso, porque eu *sabia de cor todos os seus músculos e tendões.*

Numa das suas viagens, recebeu a visita de um advogado, diabético, que tinha os olhos já afetados pela doença. Mons. Escrivá falou-lhe com especial carinho e, no fim da conversa, quis despedir-se dele com dois fortes abraços, assim justificados: — *Por dois motivos: como advogado e como ex-diabético. Reza por mim, para que seja um bom sacerdote*[211].

Embora se tenha curado, a diabetes deixou as suas sequelas, e até o final da vida teve de seguir uma dieta muito severa que — apesar da competência profissional e do carinho filial das cozinheiras — não tornava muito apetitosa a comida. Em São Paulo, conversava uma tarde com um grupo de universitários, membros do Opus Dei. A tertúlia tinha sido saborosa e, quase no fim, disse-lhes: — *Já ganhei o jantar de hoje, mas jantarei pouquinho. Quereis saber o que jantarei?* Quando todos em coro responderam afirmativamente, antecipou: — *Vão-me dar verdura, sem sal, sem azeite; mas está muito boa, muito boa. Tão boa, que o Conselheiro passou para o meu regime. E depois, não sei se me darão uma omeletezinha de um ovo ou outra coisa desse gênero. E depois, costumo tomar meia fruta. Ontem, uma bananinha dessas pequenas, tão agradáveis, que tendes por aqui, e depois ...* **Pax Christi!**[212]

No meio de algumas inconcebíveis contradições que a calúnia tinha provocado em Barcelona, nos começos da década de quarenta, ouviram-no dizer: *Nós, por sermos filhos de Deus, temos de estar sempre alegres. Ainda que nos rachem a cabeça? Sim, ainda que tenhamos de ir com a cabeça aberta, porque será sinal de que o nosso Pai-Deus quer que a levemos aberta.* E citava essa outra grande mestra do bom humor que é Teresa de Jesus: «Nada te perturbe,/ nada te espante,/ pois tudo passa;/ Deus não muda,/ a paciência/ tudo alcança;/ quem a Deus tem,/ nada lhe falta:/só Deus basta»[213].

Talvez tenha sido então que começou a empregar uma oração muito pessoal, com acentos de queixa filial, como a de um menino cujo pai quer prolongar o jogo mais do que o pequeno esperava. Se, depois de um dia em que os mexericos se haviam feito notar de um modo especial, previa que não ia poder conciliar o sono, pensando na maneira de resolver ou esclarecer essas coisas, dirigia-se confiadamente ao Senhor: — *Senhor, deixa-me dormir, porque amanhã tenho que trabalhar muito por ti.* Frequentemente, lembrando esses episódios, comentava: *E dormia como um bebê!*[214]

Poucos meses antes de falecer, esteve na Guatemala. Numa das tertúlias, não se sentiu muito bem e precisou de beber um pouco de água; quando o seu secretário lhe trouxe um copo, sorriu e comentou brincando: — *Também eu sou vulnerável. Bebo por debaixo do nariz. Reparai*[215].

Nos últimos anos da sua vida, referia-se frequentemente às suas *três últimas loucuras*. Duas delas eram a construção de Cavabianca, a sede do centro internacional de formação da Prelazia, e a de Torreciudad, o santuário mariano perto de

Barbastro, a sua cidade natal. E a terceira? perguntaram-lhe um dia. A terceira..., **morrer a tempo**[216]. Em outras ocasiões, revelava-nos que pedia ao Senhor que pudesse morrer **sem dar trabalho**.

Chegou a pedir que nesse derradeiro momento lhe cantassem uma canção italiana que se popularizou nos primeiros anos da década de cinquenta e que lhe recordava o Amor divino: *Aprite le finestre al nuovo sole; e primavera, e primavera*. Obviamente, ninguém cantou esse estribilho quando, no dia 26 de junho de 1975, o Senhor, que brinca conosco (Prov 8, 30-31), quis premiar o seu servo com a visão cara a cara por que tanto ansiava. Mas nunca esquecerei o sol romano que, perto do meio-dia de junho, caía quase a prumo e ofuscava ao refletir-se no chão onde jaziam inertes os seus restos.

— **Perder o bom humor é coisa grave. Bom humor até no momento da morte**[217]. E São Josemaria Escrivá conservou-o até à morte, como nos havia pedido que lhe obtivéssemos da bondade divina: — **Pedi ao Senhor que eu nunca perca o sorriso**.

Agora é a nossa vez. Por sua intercessão, imploramos do Senhor o mesmo dom para cada um de nós. A 14 de novembro de 1966, referindo-se à gozosa responsabilidade de sermos fiéis à vocação e aos carismas divinos, o Santo comprometeu-se a continuar a guiar os que desejassem viver lealmente o espírito que ele encarnou. As suas palavras conjugavam a seriedade e a brincadeira, como era de esperar do seu modo de ser: — *Se alguém me fizer bobagens, quando eu tiver morrido, virei e puxar-lhe-ei as orelhas. O Senhor há de deixar-me. Sem impressionar, sem meter medo. E se não, lembrai-vos: haveis de ver ... O amor tudo pode*. Peço a Deus que estas páginas que agora terminam possam ser — entre muitas outras — mais um instrumento para esses amáveis e paternos puxões de orelhas.

— *Com este sol, estais na lua?*[218]. Essa pergunta que mons. Escrivá fez a um grupo que o escutava num país tropical pode ser o broche final destas páginas. Quase se poderia parafraseá-la assim: «Com tanto exemplo de bom humor, como é possível que às vezes nos pareça ter razões para estar tristes?» Josemaria Escrivá cumpriu fidelissimamente a sua missão de *tornar amável a santidade*.

Expressou-o de um modo admirável «Sêneca», a personagem de ficção literária que acompanhava José Maria Pemán nos seus escritos, e a quem este faz intervir ao concluir um artigo inspirado numa tertúlia geral com o Santo na Andaluzia, em 1972. O escritor dava um passeio pelo jardim de Pozoalbero, terminado já o encontro. A certa altura — diz — «reconheci a voz do "Sêneca" [...].

«— Sr. José, se chamam a tudo isto "Obra de Deus", que obra teve que fazer esse padre?

«— Não ser um estorvo para a obra de Deus. Achas pouco? Deus atua por meio dos homens e das coisas. É o que se chama "causas segundas".

«"Sêneca" olhou para o mar de gente [que saía da tertúlia]. Coçou a cabeça e disse:

«— Pois olhe que esta causa segunda, Sr. José, saiu a Deus de primeira»[219].

Sancta Maria, Causa nostrae laetitiae et Regina Pacis, ora pro nobis!

NOTAS

(1) John Henry Newman, *The Last Years of Saint John Chrysostom*, cap. I, em *Essays and Sketches* Longmans, Green and Co., Nova York, Londres, Toronto, 1948, vol. III, p. 163; (2) Prelazia do Opus Dei, *Registro Histórico do Fundador* (daqui em diante, será citado pelas letras RHF), 20760, p. 226 (indica-se o número do arquivo e a página do documento); (3) Causa de Canonização de Mons. Josemaria Escrivá, *Artigos do Postulador*, n. 483 (daqui em diante, será citado como *Artigos);* (4) Cf. Gilbert Keith Chesterton, *Robert Browning*, Macmillan Co., Londres, 1914, p. 5; (5) RHF, 20003; (6) Cf. Andrés Vázquez de Prada, *El sentido del humor*, Alianza Editorial, Madri, 1976, pp. 53--80; (7) G.K. Chesterton, *Orthodoxy*, Dodd, Mead and Co, Nova York, pp. 298-299; (8) Georges Chevrot, *A vitória da Páscoa*, Quadrante, São Paulo, 2002, p. 75; (9) S. Martínez Sáez, *Tristeza humana y alegría cristiana*, Editorial Minos, México, 1991, pp. 26-27; (10) Santo Agostinho, *De Trinitate*, VIII, 4; (11) Paulo VI, Exortação Apostólica *Gaudete in Domino*, sobre a alegria cristã, 9.5.1975, III; o sublinhado é do original; (12) G. Paradis, *Le Comique. These présentée à l'École des Gradués de l'Université Laval*, Québec, 1971, p. 3; (13) S.

Martínez Sáez, *Tristeza humana...*, p. 25; (14) Símbolo Atanasiano; (15) H. Cormier, *The Humor of Jesus*, Allía House, Nova York, 1977, p. X; (16) L.C. Fillion, *Vie de N.S. Jésus Christ*, Librairie Letouzey et Ané, Paris, t. I, p. 415; (17) Jesús Urteaga, *O valor divino do humano*, 2ª ed., Quadrante, São Paulo, 2016, p. 165; (18) Jesús Urteaga, *O valor divino...*, p. 166; (19) cf. H. Cormier, *The Humor...*, p. X; (20) J. Sullivan, *Dieu audelà de Dieu*, Paris, 1968, p. 88; (21) L.C. Fillion, *Vie...*, t. I, pp. 384-385; (22) Josemaria Escrivá, *É Cristo que passa*, 5ª ed., Quadrante, São Paulo, 2018, n. 18; (23) Álvaro del Portillo, *Homilia na Basílica de São Paulo Extramuros de Roma*, durante a missa para os participantes do Jubileu da Juventude, 12.4.1983; (24) A. Vázquez de Prada, *O Fundador do Opus Dei*, Quadrante, São Paulo, 1989, pp. 511-512; (25) Josemaria Escrivá, *Caminho*, 11ª ed., Quadrante, São Paulo, 2016, n. 659; (26) *Ibidem*; (27) Cf. RHF, 20770, p. 559; (28) Salvador Bernal, *Perfil do Fundador do Opus Dei*, Quadrante, São Paulo, 1978, p. 8; (29) Peter Berglar, *Opus Dei, Vida y obra del Fundador Josemaría Escrivá de Balaguer*, Rialp, Madri, 1987, p. 326; (30) Ana Sastre, *Tiempo de caminar, Semblanza de Monseñor Josemaría Escrivá de Balaguer*, 2ª ed., Rialp, Madri, 1990, pp. 128-129; (31) A. Vázquez de Prada, *O Fundador...*, p. 511; (32) Cf. J. Levine, *Humor*, na *International Encyclopedia of the Social Sciences;* (33) RHF, 2003; (34) H. Cormier, *The Humor of Jesus*, p. 150; (35) R.W. Chambers, *Thomas More*, Harcourt Brace e Co., Nova York, 1935, p. 18; (36) *Oração de São Boaventura*, em *Preces selectae;* (37) *Caminho*, n. 657; (38) *Carta*, 27.1.1938; (39) RHF, 20760, p. 163; (40) RHF, 20760, p. 461; (41) RHF, 20760, p. 152; (42) Cf. Dennis M. Helming, *Footprints in the Snow. A Pictorial Biography of Josemaría*

Escrivá, the Founder of Opus Dei, Scepter, Nova York-Londres, 1986, p. 14; (43) P. Berglar, *Opus Dei...*, pp. 325-326; (44) *Carta*, 29.8.1938; (45) David Mainar, citado por M. Garrido, *El Fundador del Opus Dei, El Pilar y Zaragoza*, em *El Pilar*, Zaragoza, 8.12.1991; (46) *Artigos*, n. 722; (47) J. Miguel Ibáñez Langlois, *Mons. Escrivá en Chile*, em *El Mercurio*, Santiago, 15.7.1974; (48) RHF, 20760, p. 606; (49) *Artigos*, n. 472; (50) *Artigos*, n. 470; (51) *Caminho*, n. 481; (52) *Artigos*, n. 1090; (53) A. Vázquez de Prada, *O Fundador...*, p. 295; (54) *Idem*, p. 305; (55) cf. *Caminho*, n. 665; (56) *Artigos*, n. 1072; (57) *Artigos*, n. 1075; (58) *Artigos*, n. 1088; (59) RHF, 20760, p. 616; (60) *Carta*, 8.8.1938; (61) RHF, 20770, p. 636; (62) RHF, 20772, p. 234; (63) RHF, 20760, p. 47; (64) RHF, 20770, p. 48; (65) RHF, 20770, p. 23; (66) RHF, 20770, p. 33; (67) RHF, 20770, p. 49; (68) São Francisco de Sales, *Introdução à vida devota*, parte III, 31; (69) Cf. A. Vázquez de Prada, *O Fundador...*, pp. 200-204; (70) RHF, 20760, p. 399; (71) RHF, 20760, p. 185; (72) RHF, 20760, p. 466; (73) RHF, 20770, p. 605; (74) RHF, 20760, p. 301; (75) RHF, 20760, p. 393; (76) RHF, 20760, p. 427; (77) RHF, 20760, p. 468; (78) RHF, 20760, p. 112; (79) RHF, 20770, p. 150; (80) RHF, 20760, p. 380; (81) RHF, 20760, p. 120; (82) RHF, 20760, p. 480; (83) *Artigos*, n. 1010; (84) RHF, 20760, p. 174; (85) cf. RHF, 20760, p. 182; (86) RHF, 20760, p. 504; (87) RHF, 20760, p. 831; (88) RHF, 20760, p. 306; (89) RHF, 20720, p. 340; (90) RHF, 20760, p. 482; (91) cf. *Caminho*, n. 72; (92) L. Cazamian, *L'humour anglais*, Didier, Paris, 1942, pp. 26--27; (93) H. Corrnier, *The Humor...*, p. 150; (94) A. Vázquez de Prada, *El sentido...*, p. 178; (95) J.M. Ibañez Langlois, *Mons. Escrivá en Chile;* (96) RHF, 20760, p. 151; (97) José Maria Pemán, *Las preguntas y las respuestas de Pozoalbero*, em ABC de Madri, 22.11.1972; (98) RHF, 20760, pp. 204-205; (99) RHF, 20760, p. 349; (100) RHF, 20760, p. 612; (101) RHF, 20772, p. 118; (102) RHF, 20770, p. 84; (103) RHF, 20770, p. 85; (104) *Artigos*, n. 486; (105) RHF, 20770, p. 166; (106) RHF, 20772, p. 190; (107) cf. Henri Bergson, *Le rire. Essai sur la signification du comique*, PUF, Paris, 1962, p. 5; (108) RHF, 20760, p. 84; (109) RHF, 20760, p. 164; (110) RHF, 20770, p. 165; (111) RHF, 20771, p. 613; (112) RHF, 20161, p. 458; (113) RHF, 20770, p. 169; (114) RHF, 20760, p. 120; (115) RHF, 20760, p. 772; (116) RHF, 20760, p. 773; (117) RHF, 20770, p. 266; (118) RHF, 20760, p. 553; (119) RHF, 20770, p. 397; (120) G.K. Chesterton, *Generally Speaking*, Dodd, Mead and Co., Nova York, 1929, pp. 10-11; (121) RHF, 20760, p. 110; (122) RHF, 20770, p. 90; (123) RHF, 20760, p. 127; (124) *Artigos*, n. 974; (125) nota datada de 25.3.1931, em *Apontamentos íntimos*, n. 181; (126) RHF, 20770, p. 634; (127) *Artigos*, n. 974; (128) *Artigos*, n. 976; (129) RHF, 20772, p. 28; (130) RHF, 20770, p. 635; (131) RHF, 20760, p. 396; (132) RHF, 20771, p. 84; (133) RHF, 20771, p. 242; (134) RHF, 20771, p. 404; (135) *Artigos*, n. 934; (136) RHF, 20760, p. 520; (137) RHF, 20760, p. 728; (138) RHF, 20760, pp. 791-792; (139) RHF, 20770, p. 32; (140) cf. H. Bergson, *Le rire...*, p. 5; (141) RHF, 20760, p. 416; (142) RHF, 20164, pp. 1488 e 1489; (143) RHF, 20770, p. 84; (144) RHF, 20770, p. 663; (145) RHF, 20770, p. 228; (146) RHF, 20772, p. 142; (147) Josemaria Escrivá, *Forja*, 4ª ed., Quadrante, São Paulo, 2016, n. 193; (148) *Caminho*, n. 134; (149) *Caminho*, n. 367; (150) Josemaria Escrivá, *Sulco*, 4ª ed., Quadrante, São Paulo, 2016, n. 238; (151) A. Vázquez de Prada, O *sentido...*, p. 12; (152) *Carta*, 29.7.1940; (153) *Sulco*, n. 714; (154) *Sulco*,

n. 248; (155) Cit. por Blaise Pascal em *Les Provinciales*, undécima carta; (156) *Carta*, 6.6.1938; (157) *Carta*, 1.8.1938; (158) RHF, 20772, p. 328; (159) RHF, 20772, p. 360; (160) *É Cristo que passa*, n. 9; (161) *Artigos*, n. 483; (162) Ambrose Bierce, *The Devil's Dictionary*, em John Bartlett, *Familiar Quotations*, 13a. edição, Little, Brown and Company, Boston, Toronto, 1955, p. 714a; (163) RHF, 20760, p. 718; (164) RHF, 20156, p. 781; (165) RHF, 21163, p. 1049; (166) *Carta*, 4.9.1938; (167) RHF, 20760, p. 47; (168) RHF, 20770, p. 574; (169) RHF, 20772, p. 196; (170) J.H. Newman, *The Last Years of St. Chrysostom*, p. 157; (171) *Memóires*, em A.J. Tudesq-J. Rudel, *1789-1848*, Bordas, Paris, 1964, p. 17; (172) RHF, 4695; (173) *Artigos*, n. 1025; (174) *Artigos*, n. 1026; (175) RHF, 20770, p. 50; (176) *Artigos*, n. 971; (177) *Artigos*, n. 427; (178) *Artigos*, n. 937; (179) *Artigos*, n. 965; (180) *Artigos*, n. 969; (181) RHF, 20770, p. 447; (182) *Artigos*, n. 235; (183) *Artigos*, n. 977; (184) *Artigos*, n. 1065; (185) *Forja*, n. 485; (186) *Sulco*, n. 63; (187) *Artigos*, n. 554; (188) *Artigos*, n. 584; (189) J.M. Ibáñez Langlois, *Mons. Escrivá en Chile;* (190) RHF, 20760, p. 81; (191) RHF, 20760, p. 81; (192) RHF, 20760, p. 461; (193) Cf. *Caminho*, n. 194; (194) RHF, 20595, p. 41; (195) *Sulco*, n. 250; (196) *Artigos*, n. 443; (197) Cf. *Forja*, n. 151; (198) Álvaro dei Portillo, *Homilia na Basílica de São Paulo Extramuros de Roma;* (199) RHF, 20595, p. 433; (200) *Carta*, 25.10.1938; (201) Peter Kreeft, *Making Sense Out of Suffering*, Servant Books, Ann Arbor, 1986, pp. 96-97; (202) *Artigos*, n. 448; (203) RHF, 20771, p. 696; *Artigos*, ns. 231, 232 e 287; (204) RHF, 20772, p. 146; (205) *Carta*, 4.9.1938; (206) *Artigos*, n. 619; (207) *Artigos*, n. 126; (208) *Artigos*, n. 1139; (209) cf. A. Vázquez de Prada, *O Fundador...*, pp. 326 e segs.; (210) *ibid.*, p. 325; (211)

RHF, 20770, p. 105; (212) RHF, 20770, p. 55; (213) *Artigos*, n. 440; (214) *Artigos*, n. 616; (215) RHF, 20772, p. 282; (216) cf. A. Vázquez de Prada, *El Fundador...*, p. 470; (217) RHF, 20045; (218) RHF, 20772, p. 286; (219) José Maria Pemán, *«Las preguntas y las respuestas de Pozoalbero»*.

Direção geral
Renata Ferlin Sugai

Direção editorial
Hugo Langone

Produção editorial
Juliana Amato
Gabriela Haeitmann
Ronaldo Vasconcelos
Roberto Martins

Capa
Gabriela Haeitmann

Diagramação
Sérgio Ramalho

ESTE LIVRO ACABOU DE SE IMPRIMIR
A 29 DE ABRIL DE 2024,
EM PAPEL OFFSET 75 g/m^2.